学习中心

面向未来学校场景重构的新视角

"上城教育高质量发展系列丛书"编委会
编　著

上海交通大学出版社
SHANGHAI JIAO TONG UNIVERSITY PRESS

图书在版编目(CIP)数据

学习中心：面向未来学校场景重构的新视角／“上城教育高质量发展系列丛书”编委会编著．—上海：上海交通大学出版社，2023.5
ISBN 978-7-313-28547-8

Ⅰ.①学… Ⅱ.①上… Ⅲ.①地方教育－教育模式－研究－杭州 Ⅳ.①G527.551

中国国家版本馆CIP数据核字（2023）第064367号

学习中心： 面向未来学校场景重构的新视角
XUEXI ZHONGXIN:MIANXIANG WEILAI XUEXIAO CHANGJING CHONGGOU DE XINSHIJIAO

编　　著：“上城教育高质量发展系列丛书”编委会
出版发行：上海交通大学出版社　　地　　址：上海市番禺路951号
邮政编码：200030　　电　　话：021-64071208
印　　刷：杭州捷派印务有限公司　　经　　销：全国新华书店
开　　本：710mm×1000mm　1/16　　印　　张：14.5
字　　数：215千字
版　　次：2023年5月第1版　　印　　次：2023年5月第1次印刷
书　　号：ISBN 978-7-313-28547-8
定　　价：78.00元

"上城教育高质量发展系列丛书"编委会

本册编委会

主　编

俞永芳

副主编

陈文松

成　员

鲍海淞　陈　丽　陈　樱　单瑛凡　傅明明
黄凤英　李愉均　苗　森　沈建华　宋德婷
孙　洁　闻蓉美　吴树超　夏思炜　徐　越
俞富根　张　岚　郑大仕　郑一峰

总　序

⊙

2022 年 10 月，中国共产党第二十次全国代表大会胜利召开。党的二十大报告指出：从现在起，中国共产党的中心任务就是团结带领全国各族人民全面建成社会主义现代化强国、实现第二个百年奋斗目标，以中国式现代化全面推进中华民族伟大复兴。高质量发展是全面建设社会主义现代化国家的首要任务，而教育又是全面建设社会主义现代化国家的基础性、战略性支撑之一。

建设高质量教育体系，要以改革教育教学为动力。教育工作者要转变教育观念，遵循青少年儿童发展规律，践行“顺性教育”理念；要改革培养人才模式，改善教育方式方法，改进教育评价制度，落实“双减”要求，推进素质教育；要科学地运用信息技术，促进教育数字化，把现代技术与优秀教育传统相结合，促进教育现代化。

杭州市上城区作为长三角主要城市的中心城区，历史悠久，底蕴深厚，在探索教育高质量发展的实践方面起步较早，形成了很多具有区域特色的发展经验。这些年来，我多次到过上城，访问参观多所学校，与上城的教育行政干部和学校教师有所接触，并目睹了上城教育发生的变化，我认为以下几个方面值得关注：

一是以创新发展推动教育改革。“惟改革者进，惟创新者强。”一直以来，上城都肩负着为教育改革探路先行的历史使命，在理念、机制、服务创新方面作出了有益的尝试。在数字化时代的背景下，上城全面推进教育领域的数字化改革，建构了数字化、空间化、智能化、一体化的数智治理格局。此外，上城重视家庭教育，在全国首创“星级家长执照”，开创家长“持证上岗”的先河，为家校协同育人探索了新的路径。

二是以协调发展促进优质均衡。教育高质量是实现全学段、全领域、全系统的优质均衡，是在政府、学校、社会等主体之间建立良性互动。上城加大统筹力度，开发上线“淘活动”平台，有效整合各类校内外活动资源，打造“九养上城”课程体系，让城市居民乐享终身学习，让各级各类教育的价值与功能实现最大化和最优化。

三是以绿色发展提升育人品质。教育的高质量是在“质”与“量”方面都达到高水准，关注的是人的可持续发展。上城坚持以学生为本，尊重学生的身心发展规律。一方面，深入推进面向学生、教师、学校的教育评价改革，树立科学的教育质量观和人才培养观。另一方面，将课堂作为立德树人的主渠道，启动“思维课堂”研究，实现课堂从“知识立意”“能力立意”到“素养立意”，以思维发展促进学生核心素养落地。

四是以开放发展实现要素整合。高质量的教育体系是开放的，包括系统内部各类资源的开放，也包括系统外部各种要素的开放。上城坚持开放的教育理念，着力打破校园围墙与学科壁垒，探索建设区域学习中心，以“走班—走校—走社会”的新型学习机制，促进学生个性化发展。坚持以德化人，打造特色德育品牌“行走德育”，让学生走出校园、走入社会，以“行走”的方式践行社会主义核心价值观。

五是以共享发展助力教育公平。共同富裕是新时代的命题，教育均衡发展是共同富裕的基础，也是共同富裕的重要体现。上城在共同富裕的背景下，创新名校集群的发展范式，打造教育“新共同体”十大模式，强化师资队伍建设，以“五阶段、五梯队、多维度”的“教育人才多维生长台”助力教师专业发展，促进优质教育资源为群众所共享，以教育公平促进社会公平正义。

上城教育的发展，充分体现其对教育高质量发展的解读、思考与实践，展现了上城胸怀“国之大者”的视野与格局。上城教育编写出版的“上城教育高质量发展系列丛书”，全面梳理并总结了其教育改革发展的成果，涵盖名校集群建设、教育数字化改革、课堂教学改革、教育评价改革、教师培养、学校德育、家庭教育等方方面面，内容丰富、站位高远、系统性强，既有科学的教育理论，又有典型的经验案例，体现了理论与实践的统一、科学与趣味的统一。

“上城教育高质量发展系列丛书”汇集了上城教育育人实践的精华，凝聚了很多有价值的发展经验，为各地的教育改革发展提供了参考和借鉴的对象，有助于建设高质量的教育体系。相信更多的教育人能够从书中得到启迪，进一步锐意改革、积极创新，有力推动教育高质量发展。祝贺本套丛书的出版问世！

是为序。

顾明远

北京师范大学资深教授

中国教育学会名誉会长

2022 年 11 月 28 日

序

⦿

早在 20 世纪 80 年代，我有机会开始了对杭州上城区教育的特别关注。近四十年来，跟随着上城教育跨越式发展的步伐，时时不忘向上城学习，我深感上城作为长三角的一个发达城区，完全有条件成为为全国教育现代化探路的先行者，高水平打造优质均衡、人民满意的美好教育引领区。正如该区“十四五”规划所说，唯改革者进，唯创新者强，只有在变革的浪潮中抓住机遇、补齐短板、做强优势，才能最终实现预期目标。这里，我想结合本书“学习中心建设”这一专题说点感悟和企盼。

1. 我们的短板在哪里?

上城“十四五”规划指出：现有教育体系还不能完全满足学生全面而有个性的发展需要。实际上，不少学校万马齐喑争分数、学生不堪重负的现象，举国上下都有同感，至今尚未根本扭转。这就极大地制约了学生创新精神、实践能力与批判思维品质的应有发展。教育改革引领区建设能否触及一下这块短板，针对问题，列出切实可行的举措？

其实，看到问题才能找准机遇，更何况上城区很早就有差异教学、发展个性的卓越经验，有新班级教育、融入社会的实践等突出成果，能否提升到激活学生的创造力、提高教学新品质的高度，拨开事物表象，回溯教育本质，从最关键和核心处着手，系统凸显教改探路人的新形象呢？

以我管见，从国际上 1988 年耶鲁大学斯腾伯格提出的创造力三层面模型（智力、智力风格、人格特征），到 2019 年世界经济合作组织（OECD）发布《培养学生创造力和批判思维的研究报告》，解决这一问题已成为实现高品质教学的明显趋势。

当然这种趋势不就是过去提过的“创造教育”，它有三个全新特征而受到教育界的普遍重视：一、面向全体学生。不把培养创造力只是作为一种特殊教育，仅局限于拔尖人才培养；也不只是培养职业能力或者某种特定的技能、技法。注重的是所有学生日常学习中的创造能力。二、指向个性品质。创造力是创造性人才的核心，是全球 21 世纪核心素养的共同要素，它指向的是未来所需的最深层次的个性品质，包括热情、责任、思维、行动等诸多方面。这样的诉求，业已成为各国基础教育改革的重点。三、走向未来征程。世界百年变局和世纪疫情交织，特别是近期复杂的国际形势，危机与挑战都迫在眉睫；为了中华民族的伟大复兴和新百年的征程，改革创新被提到前所未有的高度。激活一代接一代人的创造力，理所当然应该是我们做教育的时代追求、崇高目标和精神境界。

2. 上城区的优势有哪些？

首先，上城区的学校教改探索，素有肩负重大历史使命的优秀传统。在我国拨乱反正、改革开放之初，当年杭州大学张定璋教授就明确指出，如果说过去的教育实验是与一种理论或一个学派的发展有较多的直接联系，那么当代的教育实验却与国家的教育方针政策、与教育部门的决策有依存关系。这些实验最大的特点是与迎接新技术革命、迎接国际竞争的教育改革运动相联系。他率先垂范，亲临上城学校，借鉴苏联巴班斯基等有关理论，开展如今称为“五育并举”的教育最优化试验。实验总结在当年留下了详尽的研究报告，1991年还正式发表了《教育实验的历史考察和本质探讨》一文。

1980年代中期之后，老教育家吕型伟主持了28年全国重点规划课题：“面向未来的基础学校研究”，以“开发潜能，发展个性”为标志性目标，上城区自始至终是课题组的主要成员。吕老选择上城，要我多去上城，再三说：“我相信自己的眼力。”（这就是我开头所说关注上城的机会）吕老主持这一全国重点项目，创生了中国特色的研究方法：一、摸石头过河的实践探索；二、用学习的力量避免盲目；三、看懂现在就是面向未来。这三句话，自有其针对的重点，它们构成了不可割裂的思想整体。是否可以这样认为，上城教改秉持了前辈教育大家所坚守的整体、实在、科学的一代新风，甚至比加拿大迈克尔·富兰的当代论述更有中国味道，这是弥足珍贵的重要优势。

然后，到了近年，随着教育逐步走向现代化，上城教育的新发展、新经验、新优势更加令人瞩目。以“学习中心建设”为例：2011年开始，上城区为丰富学生周末和假期生活，从实践层面率先对全区学生课余活动课程进行改革，经过6年多的推进，为学习中心建设打下了良好的基础。2018年，上城区各校立足“高品质课后服务”理念推进学习中心的整体布局，各校积极开展提升服务品质的成规模实践探讨。2019年，完善学习中心的组织架构和运行机制，建设全区共享资源库和学习中心网络社区，开展全区线上线下混合式学习。最近几年，上城教育为推进全区教育的深度变革，进一步以学习中心场域打造为重点，别开生面地走“课外包围课内”的路，掀起了课程教学系统改革的新一轮探索。

早在1956年，英国哲学家波兰尼在其论著中提出了一个大家有着共识而又忽略的命题——“我们所知道的多于我们所能言传的”。波兰尼据此推断出人类大脑中的知识分为两类：一类是明言知识，另一类是默会知识。前者是可以用文字表述的能言传的知识，后者是镶嵌于情境活动之中的个体化的知识，这种知识常常不可言传，而且默会知识远远多于明言知识。时隔整整半个世纪，“默会知识论”终于走出了书斋。(OECD) 在《1996 年度科学、技术与产业展望》的报告中，重点强调了默会知识在知识经济时代的重要性。今天，我们重新探讨默会知识的作用，对于课程教学改革有着深远的影响，其中一个重要的原因是：默会知识论使我们对知识本身的结构和组成，对知识的态度和理解发生了变化；默会知识论向传统的知识与学习概念提出了挑战。

无数的事实证明，“实践的技能很难诉诸文字”，“科学的创新根源于默会的力量”。按照现代的观点，明言知识和默会知识两者构成了知识的连续体，它们就像一座冰山的两个部分，前者浮出海面，后者在下面托起整座冰山。这样的冰山模型倡导了一种新的学习概念，学习不仅局限于从明言知识到明言知识的言传，还有默会知识之间的体验和意会，更有两类知识相互转换中的学习。根据中小学教学改革的实际，当年我曾说过如下通俗的话：“听中学，做中学，听懂以后做出来，做好以后说出来。”学习概念的这种变化，对默会知识的关注，必将对教学产生重要的影响和突破，让学生在前述多种情境中学习，这不仅是在学校阶段，而且是整个终身学习的精华所在。

前面我用两个段落的文字介绍默会知识论的主要观点，意在说明：上城区的学习中心建设，开始于课外，采用课外取得实效由此推及课内的“包围”战术，走出了一条很成功的路，极重要的是，循此而进，上城区教育必将迎来学习概念乃至课程教学在新时代、新征程中前所未有的深度革新。

3．面向未来的价值定位

今天，我们已经进入数字时代，网络作为变革性的学习技术，出现了学习变革的爆炸创业期。一方面，学习的价值不单是传承知识，而且要引发知识的创造与共享，这比任何时候都更为迫切。另一方面，网络增强了一个地区知识流动的动力，增加了知识的多样性，增强了知识生产和消费之间、真实团队和虚拟群体之间的流动，它使学习能在任何地方进行。但是，未来毕竟难以捉摸。未来学校是没有围墙的学校？未来学校就是网络学校？谁也无法最终敲定。

本书编著者们对未来学习场景的重构，显然不同于以往人们对“未来学校”的畅想或者猜度，它更贴近上城教育当下的发展需求（尤其关注发展中的短板），更贴近上城教育现有的改革成效（坚守优势发展的理念），它有“看懂现在就是面向未来”的实践改革气派和明确的价值定位。我想这就是他们成就为全国教育现代化探路的先行者、高水平打造人民满意教育引领区的底气之所在吧。

顾泠沅

上海市教育科学研究院原副院长

华东师范大学数学科学学院荣誉教授

2023 年 2 月 15 日

目录

第一章
绪　论

21 世纪以来，在人工智能技术进步的推动和神经科学研究深入的影响下，教育正在以前所未有的速度迅猛发展。进入未来教育时代，学习空间的迭代升级恰是讨论未来学校的逻辑起点之一。本章一方面通过回溯历史，将其作为研究起点，从素养立意、儿童本位、场景变革的角度研究学习的样态实践和空间建设的相关理论与实践；另一方面通过对杭州市上城区近十年实践经验的梳理，找到学习空间建设的发展“堵点”与增长点，积极寻求在宏观设计与微观实践之间互相匹配的有效策略，从而建立对学习空间的全面理解。

第一节
学习样态与学习空间

⊙

在漫长的人类文明发展长河中，学校作为一种特殊的空间形态，承载着多种社会功能，从世界上最早的学校“泥版书屋”（建造于公元前 3500 年左右），到我国历代出现的“成均”“庠序”和“校”，学校在教育、建筑、艺术等类别的专业指导下，不断优化外显形态与内部架构，以实现优质教育资源的建设和优化。21 世纪以来，随着教育技术的更新迭代与教育理论的创新升级，学者对学校形态转型的研究逐渐转向对学习空间构建的研究，同时对与之相适应的育人目标与学习样态进行研讨，以期准确把握未来学习空间建设的规律与动向。

一、学习样态的审视与判断

学习样态是指不同情境下学习的状态，是对学习的自然状态的描述。不同的学习方式、学习形式、学习类型、学习模式、学习风格都在学习样态的范畴之中。本节期望通过研究，找到儿童学习的一般规律，实现学习样态的转型升级。

1. 站在素养立意的高度把握学习样态

21 世纪的竞争，归根到底是人才的竞争。在国家从人口大国迈向人才强国的过程中，学校教育是否明确“培养什么人、怎样培养人、为谁培养人”，是否对“李约瑟之谜”和“钱学森之问”作出了时代的回答，是否能确保国家未来不再陷入“芯片之殇”的困境，这些学校教育发展的痛点问题时刻在提醒教育者要客观分析近现代教育发展阶段的特点，精准把握新时代的育人目标。

（1）一个模子培养人：现代学校制度应运而生。17 世纪中叶，伴随着西方国家生产技术的进步，现代学校制度也随之形成。此时，夸美纽斯提出了班级授课制和学科课程制，西方学制的雏形由此形成。而塔列兰的《教育法案》、康多塞的《国民教育组织计划纲要》等方案均提出人人都有受教育的权利和机会以及男女均可平等接受教育的观点。19 世纪初，随着进入工业社会，学校制度逐渐发生了变化。兰卡斯特在《教育的改良》一书中，介绍了“导生制”的教学实践，该实践初步实现了对贫困儿童及童工开展大范围初等教育的目标。

此时，我国虽然没有同步开始工业革命，但已借鉴了西方的现代学校制度。1904 年，“癸卯学制”颁布推行，中国逐渐开始了“废科举、兴学堂”的改革，之后私塾逐步向近代小学过渡，由此才形成了现代小学沿用的学制。

现代学校制度提倡把教育从少数人的特权变成所有人的权利，它的推行提升了全社会的文化素养，使世界教育迈出了重要的一步。在清楚认识到现代学校制度的历史贡献的同时，还需要辩证看待制度自带的工业革命的特征。为快速扩大受教育者的覆盖面，20 世纪初的教育往往追求“效率优先”的理念，用机器生产的方式“生产”人才，采用单一的组织形式、机械的教育方法，将知识压缩后教授给学生。此外，统一的教学内容、教学进度和评价方式限制了学生的多样化发展。

（2）鼓励自我创造：“非学校运动”的叠加变革。20 世纪 60 年代，“非学校运动”在美国兴起，代表人物伊万 · 伊利奇在《去学校化社会》中的观点是从社会改革的角度来批判现代学校制度，同时勾勒出“去学校化”社会的宏观蓝图。他提倡建立一个教育网络，让受教育者成为积极的消费者，主动尝试将生活的时间转变成学习、分享和养育的机会。之后，约翰 · 霍尔特提出了“非学校化”教育的概念，通过反对标准化的课程、反对人为设定学习进度以及反对以教师为中心等举措，鼓励和倡导让儿童在家接受教育，尽可能消除学校教育元素。在变革初期，“非学校化”教育支持者秉承“学校怎么做，我们就不这么做”的理念，刻意将家庭、社会与学校教育对立起来。随着“非学校化”教育思想的发展，它也开始根据自身的教育理念要求有针对性、有选择性地反对学校教育中特定的内容，而非盲目反对学校教育的一切。当“非学校化”教育不再为了反对而反对时，就能逐渐从伊万 · 伊利奇描述的教育网络中看到互联网教育的雏形，任何人都可以主动获取并使用各种教育资源，从而让学习成为自我创造式的教育。而“在家上学”则是该理论提出的除学校外的新学习空间。在新冠疫情时期运用教育技术实现居家学习，这正是“非学校化”教育在当代的应用，其内涵和外延内容更加丰富了。

（3）实现全面发展：“未来学校”建设的应然呼唤。身处教育 4.0 时代的开端，新技术层出不穷，移动互联网、云计算、人工智能等新词汇介入传统教育，催生出未来学校的构架以及新型学习方式的变革。尽管信息技术在不断与教育深度融合，但学校育人的本质未变。尽管未来学校育人的本质不变，但其育人的内核正与时俱进。1972 年出版的联合国教科文组织研究报告《学会生存——教育世界的今天和明天》指出，学校是传播系统性知识的基本途径，同时社会机构、社会环境、媒体等社会生活将成为教育的补充。1996 年，联合国教科文组织提出了“学会认知、学会做事、学会共处、学会生存”四项核心素养。2016 年 9 月，中国学生发展核心素养研究成果发布，将中国学生发展核心素养概括为文化基础、自主发展、社会参与三个方面，人文底蕴、科学精神、学会学习、健康生活、责任担当、实践创新六大素养（见表 1-1-1）。2022 年颁布的《义务教育课程方案和课程标准（2022 年版）》提到义务教育课程要坚持以习近平新时代中国特色社会主义思想为指导，全面贯彻党的教育方针，遵循教育教学规律，落实立德树人根本任务。这就要求教育要反映时代特征，体现中国特色，遵循学生身心发展规律，突出全纳性、全面性和基础性，大力发展素质教育，培育时代新人，为全面建成社会主义现代化强国，实现中华民族伟大复兴奠定人才基础。综上所述，要培育“有理想、有本领、有担当”的全面发展的新时代好少年，其培育目标是多元的。要实现各维度的培育目标，需要学生在不同的学习空间开展实践，进而达到立德树人、立德达才。

表 1-1-1 中国学生发展核心素养总体框架（2016）

三个方面	文化基础		自主发展		社会参与	
六大核心素养	人文底蕴	科学精神	学会学习	健康生活	责任担当	实践创新
十八个基本要点	人文积淀	理性思维	乐学善学	珍爱生命	社会责任	劳动意识
	人文情怀	批判质疑	勤于反思	健全人格	国家认同	问题解决
	审美情趣	勇于探索	信息意识	自我管理	国际理解	技术运用

2. 站在儿童本位的角度研究学习样态

近现代的儿童教育发展史表明，站在儿童本位的角度研究学习样态，既要求教育者立足于儿童发展规律，遵循心理学、教育学的基本常识，又要求教育者立足于国家育人方针，将课程标准落在实处，充分理解教育实践的真正内涵。

（1）多中心统整：儿童学习的社会化发展。近代儿童教育发展历史中存在一种取代以学校为中心的立场，其主要观点是：现代的“学校化社会”是以学校代表的价值作为评价的主要标准，而这一立场忽视了教育发展的综合社会背景。从儿童观的社会史研究视角来看，教育者需要更新对现代学校的独特性和绝对性的认识。菲力浦 · 阿利埃斯将空间密度视为一个问题，关注家庭空间、学校空间、劳动空间、社交空间等范畴，以传统空间向近现代空间的变化为切入口，强调人口变动、家庭变化以及共同体解体等因素会改变人际关系，而家长的教育义务、儿童的情感投射与教育期待感成正比。根据《中华人民共和国家庭教育法》，学校、家庭、社会应共同发挥教育功能以促进儿童健康成长。家庭是孩子社会化的主要场所，儿童从家庭中学会语言、社会行为和技巧、对正确和错误的理解等，从而适应社会。然而，家长对学校教育功能的价值期待持续提高，以至于家庭功能逐渐退化，个体行为出现退行，具体表现为家长把儿童的社会化委托给学校教育的意识不断增强。长此以往，固定的学习空间和学习伙伴将影响儿童学习的积极性与持久性，使儿童产生倦怠情绪。同时，由于场景单一，儿童缺乏多情景的实践体验，这使得其社会化发展能力发展滞缓。因此，要辩证地理解"去学校中心"，它不等同于"去学校"，而是创建多中心，让儿童在其中实现动态发展。儿童的社会化发展教育应在不同中心所创设的空间中开展。

（2）多需求满足：儿童学习的超越"环世界"。19 世纪末 20 世纪初，儿童学逐渐开始发展成为一门独立学科，但由于存在学科之间壁垒森严、过度崇尚科学主义、缺乏方法论的创新、忽略社会文化视野这四个问题，儿童学一直难以在学术体系中获得一块独立的栖身之处。德国生物学家雅克布·冯·尤克斯考尔提出生物学概念"环世界（德文：Umwelt）"，指的是所有的动物都拥有各自特有的感知世界并作为主体而行动的能力。他认为应该强化动物主体与客体之间意义的相互关系，并将之称为自然的"生命计划"。后期研究表明，人类成年以后，能力主要通过例如成绩之类的符号来体现，也就是说儿童通过学习可以将获得的能力与自身生活分离。因此，儿童学习伊始，往往存在于自然为之创建的"环世界"之中，他可以观察、发现和建构在此环境中的一切事物，类似于自然为儿童构建出了一个可依赖的学习支架及空间环境。但成长到一定阶段后，随着认知能力的提升，儿童会从中抽离出来。这启示教育者在空间创设的过程中，始终要让空间动起来，提供的资源支持可以从多到少，创设的环境可以从具象到抽象，由此触发儿童形成高阶思维，从而鼓励儿童跨越原有场景去应用与实践。

（3）多要素渗透：儿童学习的"文化干预"。近年来的研究发现，人是在认知与情感系统的协同发展中度过童年的，认知与情感之间复杂的相互作用关系决定了儿童的心智健康及其在学校的表现。社会文化的变迁则为儿童发展提供了一种新的干预来源，这种来源可以是个体内部感受世界的心理技能，也可以是人际交流，还可以是实现社会目标的行动工具。布朗芬布伦纳使用“嵌套系统”（见图 1-1-1）研究环境系统对个体发展的影响程度，该系统包括微观系统（儿童在具体环境中所体验到的行为、角色及人际关系等）、中间系统（儿童主动介入两个及以上环境之间的相互作用）、外部系统（成人介入的环境，且环境间相互影响）、宏观系统（存在于以上三个系统外，是结构的最外层）。由此，可以更为具体地了解儿童被引入社会文化系统的过程，发现他们认知与情感系统发展的规律。因此，在创设儿童学习空间的过程中，需增设一些变动的文化要素和与儿童需要或兴趣相关的价值观建设，从而促进儿童心理的重构，实现阶段性的意义重构，不断优化儿童对变化情境的态度。

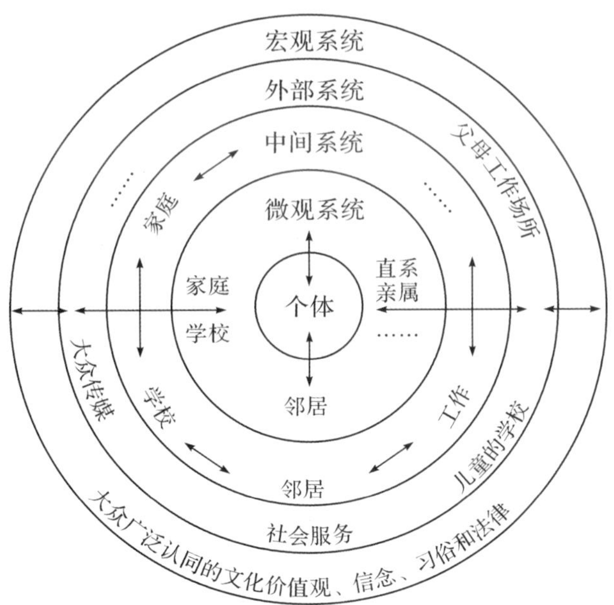

图 1-1-1 布朗芬布伦纳的“嵌套系统”

二、学习空间的样态与变革

学习空间是以正式或非正式的方式促进学生学习和发生联系的环境。好的学习空间可以优化学习方式，从而激发学生极富创造性地应对未来挑战的潜力。其中包括营造良好的学习文化氛围以释放学生潜能，也包括设计物理空间及虚拟空间以优化学生能力习得的过程。统整育人目标与学习样态，既要传承历史，又要立足于面向未来、聚焦学习空间的建设。

1. 学习空间变迁的三个阶段

结合刘燕楠、陈向东等学者的研究，在教育发展史上，关于教育活动设计的环境空间先后经历过三次蜕变：一是以大自然为学习空间，以一日变化的日升日落作为作息时间，由原始社会领袖开展教育活动；二是以教室为学习空间，根据近代学校教育产生的班级组织形式，在限定的时间内、规定的教室中完成教育教学活动；三是以混合交互环境为学习空间，这是以数字革命为代表的新技术生成的新型学习空间，可以有效增进学习交互。

（1）古代西方教室。5500 多年前，苏美尔人在两河流域上游建立了学校的早期形态“泥版书屋”，其环境布局与现代学校惊人的相似，分设的大小教室分别可满足 45 人及 20 人班级的授课需要。同时，遗址中还发现了类似于“教科书”的泥版书以及制作的模具。据推断，教师当时多采用“灌输”讲授的教学方式。此后，在古埃及、古雅典的遗址也发现了类似的固定教学场所。古埃及的学校一般设置在寺庙附近，体现出其服务于上层阶级的职能，而古雅典则通过开设文字、弦琴、角力等不同类型的学校实现全面教育。中世纪，欧洲封建统治者为巩固宗教势力，逐步成立教会学校，一般由主持工作的修道士做校长，其他修道士和神职人员担任教师。

文艺复兴时期，人文主义教育家维多里诺于 1423 年建立了一所宫廷学校——“快乐之家”，以进行最早的人文主义教育实践。此阶段的教室处于大自然中，能够保证足够的光照和空气流通，并采用了色调明亮的墙面装饰，改变了原先沉闷的设计氛围。

（2）近现代教室。到了 19 世纪，初等教育开始普及，当时的学校特征一直与社会形态相匹配，现代学制应运而生。19 世纪初，英国逐步推进“导生制”，由一名督导教师管理，百余名学生集中在一个宽敞的教室里学习。为了匹配这一学习样态，教室也从一个开放式的宽敞房间逐步被划分为几个隔间，让作为导生的优秀学生助手可以使用隔间转教其余学生，实现了同时用最少的资源教育更多的学生。此外，在桌椅布局方面，德国采用的蜂窝状布局被沿用至今，固定排列的桌椅布局便于管控。由于学生的人均空间固定，师生的互动受到约束，教师对学生的个别辅导频次因此减少。与此同时，德国首次依据个人空间概念制定了相应的教室空间标准，例如慕尼黑的标准是 1 平方米 / 生，普鲁士的标准则是 1.5 平方米 / 生。此后，桌椅的摆放也逐步与学校建筑规划、教室的设计相匹配，不再根据个人使用意愿布局。

（3）当代的教室改革。到了 20 世纪，传统教学理念和教学模式受到挑战，为了建造让师生感到舒适且功能与教学理念相吻合的学校，欧美教育界曾试图对教室结构和学校架构进行变革。为了改善学生的健康状况，营造适合学生的教室环境，学校中逐步出现了露台、独立建筑、滑动玻璃墙等概念，将教育理念凝练至建筑的细节之中。澳大利亚的艾森学院采取了“围合环绕型”的模式，利用普通教室将中心位置围合成一个密闭的开放空间，而普通教室之间由滑动式的隔墙来划分，打破了教学场所与活动场所之间分隔、分离的态势，有利于各年级组织班级开展、协同教学与活动。

进入 21 世纪后，在未来教育 4.0 版本的历史际遇下，新教室改革应面向学生的个性化学习，从传统的空间建设进入混合式学习空间建设，充分发挥互联网、大数据、云计算、人工智能等信息技术功能，重新审视教育空间的构成要素、形成过程及互动关系。学习空间变迁的过程如图 1-1-2 所示。

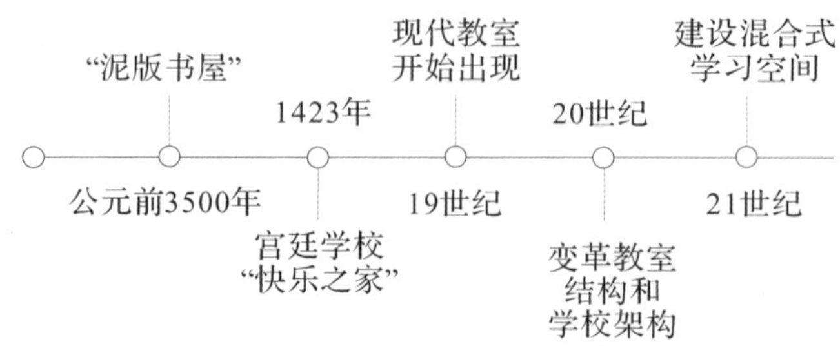

图 1-1-2 学习空间变迁的过程

2. 新时期学习空间创建的三个特征

进入 21 世纪后，教育面临大变革、大机遇与大发展。人们的知识储备不断扩充，随之产生的是学习空间建设的新理念和新研究。

（1）自主的学习空间。未来学校的学习必定是围绕着自主学习发展的，让学习从被动走向主动。孟子提出的"君子深造之以道，欲其自得之也"体现"自求自得学习"原则，联合国教科文组织也提出"新的教育精神使个人成为他自己文化进步的主人和创造者"。为了打造自主学习的样态，学习空间也随之变化。除了体验性、人文性外，还要着重强化选择性，逐渐开放、联通"学无边界""学无常师"等学习特征。判断自主学习程度的维度包括参与程度、学习方法、学习时限、学习结果、学习环境等，这样做将激发学生从低等级的自在学习、自为学习转向更高等级的自觉学习、自由学习，使学生在未来社会中创新生活方式，既服务于自身发展，又造福于他人和社会。美国北卡罗莱纳州立大学建设的 SCALE-UP 项目，就是通过营造一个鼓励多元合作的学习环境，以讨论对话的形式倡导探究学习、体验学习等学习样态。美国麻省理工学院的 TEAL 项目通过创设技术支持的主动学习环境培养学生的可视化技能，加拿大麦吉尔大学的 TLSWG 项目也积极开发和维护以研究为基础的教学空间。

（2）宽泛的学习空间。当学习从学校样态进入中心样态后，学习也将发生在除了学校以外的更宽泛的场所，使学习与自然社会、人文社会相融合，置于与社会的相互联系中，既遵循不同场域的运行方式，又强调学生的行为与环境相互作用的结果。此外，皮亚杰认为体验、观念、反思和行动是连续性思维的基本构成要素，而行动与真实生活发生联系才能实现其意义。因此，学习空间的建设也要与学习者的生活相融合，以改变学习空间在各个领域的形态以及学习者的思想认识和生活方式。例如，《区域学习中心建设的上城探索》一书中提到 Harris 基于学习空间视角，将户外学习和课堂学习两种学习方式进行对比后发现，户外学习符合青少年身心特征，具有较大的互动交流空间，能激发学习积极性，避免传统课堂的惯性模式。学生可使用 Vernier 传感器、百度地图、形色等信息技术软件进行户外学习，在场域中获得与实际生活相联系的认知，从而形成彼此认同或接受的价值观，最终形成自身发展的动力。

（3）混合的学习空间。未来的学习将与新兴技术融合，借助人工智能、AR（增强现实）等手段创设更为真实的情境，集中在资源呈现和操作支撑等方面寻求突破。同时，混合式学习是各种学习方式优势互补的整合体，是学习走向全球化、国际化的象征。它强调学习者的体验，对概念性知识进行操作和加工，从而使学习者获得经验上的积累，因此成为学习者首选的学习方式。目前，各国积极推动智慧教育计划，通过变革环境促进创新人才的培养，促进学习者的终身学习和发展。其中，美国坦帕预备学校引入多项智慧教育设备，VR（虚拟现实）、AR 技术实现了无边界学习，平板电脑移动教学项目实现了交互式学习；中南大学通过物联网实现的环境智能管理做到了对环境和设备的动态监控。

3. 面向未来学习空间建设的三个思考

《中国未来学校 2.0 概念框架》将未来的学习定义为坚守传承、盘活积淀的学习，是重组课时、突破时限的学习，是重构物理空间的学习，是利用虚拟空间的学习。因此，学习空间的设计还要考虑以学习者的发展为视角，以探讨学习为本位的建构策略。

（1）以学生为中心倡导“内生”。学习应是以高阶思维为发展目标，支持学生进行更深层次的学习，即设计者要在设计学习空间的过程中，考虑学生的知识、技能、态度目标的达成情况。以学习者为中心，通过环境创设，组织学习者运用身边的素材建构新知识，并以此组织已有的知识和信念，影响他们对新信息的认知，用特有的空间设计支持学生生成内生学习并形成知识获取的螺旋支持链。同时，要充分考虑学生的学习特征、学习习惯、学习风格等因素，综合考虑空间设计的自变量，激发学生内生动力，避免一味地开展“非自主”“他组织”的学习。

（2）以知识为中心倡导“通达”。知识最早是直接经验的化身，随着文字的产生，知识逐步被界定为“人类对物质世界以及精神世界探索的结果之总和”。联合国教科文组织将知识概括为个人和社会解读经验的方法，同时也可以将其理解为通过学习获得的信息、理解、技能、价值观和态度。随着未来教育4.0版的到来，知识将产生拓展化、激增化、外储化、智能化和终身化等特点，与此相应的课程及学习空间需要朝着正确的方向前进，让学生通过学习知识，通达智慧。在知识变革的时代，除了不同学科的学习空间设计要体现学科特点外，更重要的是要处理好分科与综合、理论与实践等关系，在课程的个性和共性中寻求平衡。

（3）以共同体为中心倡导“共生”。共生始于中国传统的“和合文化”。伴随着教联网时代的到来，知识呈现分布协同状态，因此周洪宇、易凌云提出建设“学习生态圈”，突出自然成长和互动共生的特点，将学习者的个人需求和生态圈的协同要求有机结合，让组织和个体共创、共享、共生、共赢。生态圈的构建就是为了组建各种同质或异质的共同体，让参与的各利益相关者实现知识受益者和贡献者的身份互换，从而处理好“学业水平与身心发展”“利己与利人”“己与群”“人和自然”等关系。当下，学生在学校度过的时间显著高于在其他空间的时间。因此，学校作为共同体链接，需要担当起为学生构建共同体的责任。学校先要组建好班级共同体，随后链接起由学生、教师、管理人员构成的更大的共同体，还包括家庭、行业、国家甚至整个世界构成的共同体。研究表明，当学习空间以共同体为中心后，就不再强调独立学习，而是注重共生的学习场所，同时互动学习的标准也将持续不断地改进提高。

综上所述，通过对古今中外教育史的理论研究，不难发现学习空间的更新迭代与学习样态的优化升级始终是相辅相成、共生发展的。清晰地认识到学习空间在学生发展过程中的重要性，厘清学习空间的变迁道路，将会为区域建设新型学习空间奠定理论基础，创造价值通路，最终实现培育“有理想、有本领、有担当”的新时代好少年的历史使命。

第二节
学习空间建设的上城探索

⦿

教育培养人才的主阵地是学校，学校要更好、更快、更有效率地为社会培养人才，就要对传统的教育模式进行审辩式的思考。要进行教育革新以满足当下及未来社会对创新型人才的需求，学习空间的变革就是途径之一。重构学习空间是学校变革以及学教方式变革的一个重要方面。在社会经济高速发展、科学技术急速革新、教育自身快速进步的背景下，浙江省杭州市上城区以学习空间建设为切入口对打造高质量基础教育体系进行了探索。

一、反思教育教学价值的传统学习空间

教育教学空间作为育人铸才的基础载体，与社会发展及时代变迁有着千丝万缕的关系。随着技术的迭代，教育教学理念也在学习空间的架构上有着显著的表达。传统的学习空间，无论是指向理论基础还是实践操作，都存在着不少的问题。例如，学习空间如何面对 5G 时代和人工智能的挑战；如何基于差异

化教学及学生全面发展对学习空间做进一步的探索研究；实践中如何提高有限空间的教育教学价值，使其利用率最大化。在现代学习需求下，传统学习空间的局限性日益凸显，主要体现在空间转换缺乏灵活性、空间环境固化封闭、空间氛围枯燥冷漠、空间文化定位缺失等问题。

1. 空间转换缺乏灵活性

在当前教育变革趋势下，传统学习空间凸显的一大局限即为空间转换缺乏灵活性，其主要体现在两个方面：一是功能兼容性差，不能支持学习参与者多元化使用；二是使用方式单一，面对学生及教师学教需求的差异不易做出灵活的转换。空间设施的布局决定了师生的位置关系，在一定程度上体现了师生之间的权力关系。大部分学校的普通教室都是采用传统的标准矩形布局，面积约为 50—60 平方米，班级的核定人数控制在 40—50 人之间，人均使用面积为 1.5 平方米左右，教室内的行走区域较窄，学生在教室中排排坐，讲台和黑板位于正前方，所有学生的视线都看向教师或黑板，以教师的讲授为焦点，但是这种布局方式不利于促进师生之间、生生之间的互动。在这样功能单一的学习空间中，学生只能在固定范围内开展学习活动，缺乏学习准备、实践操作、研讨交流等活动的空间，这种学习空间也无法助力教学形态的转变。而且传统学习空间内的桌椅大多笨重，较难灵活移动，教师和学生很难根据不同的学习需要灵活地进行空间重构，学教方式变革较难实施。此外，现在较多学校的校园设计常将空间简单设置为“教学楼”“综合楼”“运动场”“住宿区”等，固定的场所对应了固定的学习空间，学生只能按照课表进入规定的场所进行学习，缺乏自主选择的权利。同时，这些固定空间之间的连接区域没有被赋予教育教学的价值，这些因素降低了空间多元使用的可能性。还有一种空间资源浪费的现象也普遍存在于校园内：一方面，学校的大型公共空间（如图书馆、礼堂、门厅、阶梯教室等）利用频率不高，除了开展一些大型活动外，长期处于无人使用状态；另一方面，学校想基于学生需求或是学校特色开发利于师生、生生研讨互动的场域，却没有足够的空间资源支持。这也反映了当下学校空间资源设置不合理，导致空间资源的浪费。

2. 空间环境固化封闭

从安全的角度出发，目前绝大部分的中小学校园都处于“封闭”的状态，这种“封闭”指的是学校用围墙将学生与社区、自然隔绝开来。同时，校园内部串联式的教室排布方式从客观条件上阻碍着不同年级、不同班级的学生之间的交往互动。这种阻隔不仅仅存在于空间维度，更存在于心理维度。封闭的学习空间阻碍了师生、生生间的研讨与交流，不利于学生观点的表达与碰撞，进而影响学生交往能力、创造性思维及健全人格的培养。封闭的校园设计也导致不少学生认为教室是唯一的学习场所，而校园内其他空间的设置并没有被赋予交往、学习的意义与价值，可见传统的学习空间并不能满足当下学生基本的交往与活动的需求。除了教室以外的开放空间的教育意义被严重忽视，封闭、固化的学习空间抑制了师生的交往活动。

3. 空间氛围枯燥冷漠

如果只看建筑物本身，学校再豪华也是无意义的，因为它是没有生命的，无法激发学生学习的原动力，所以学校的空间设计必须要符合学生学习的认知规律。但是现在很多学校，特别是一些新建学校一味地追求宏大的气势、高科技的设施设备、“高、大、上”的整体形象，却忽略了学习空间本身的氛围感。小学、中学、大学的空间设计如出一辙，套用同样的建筑格局，设置相同的学习空间，完全忽视了不同学段学生的身心特征。学生在氛围枯燥冷漠、缺乏趣味性的环境中学习，对其创新性思维的培养及个性化发展都会有负面的影响。

4. 空间文化定位缺失

随着教育改革的推进，教学环境越来越受到教育工作者的重视。学校环境的每一个部分都蕴含着独特的教育意蕴，它通过实质空间与符号，通过“人—境”互动，对师生的品德与价值观、个体行为与教育绩效、身心发展等多个方面产生浸润性的影响，所以学校的空间设计必须要有特有的文化印迹和氛围。但如今仍有不少学校关注的只是知识的传授，并没有强化全方位育人的教育理念，功能单一且相似的学习空间串联形成的建筑体，毫无学校文化的积淀、地方特色的印记，使学校沦为千篇一律的工厂式“教学机器”“水泥森林”。

二、转变核心素养立意的现代学习空间

世界正以人类历史上前所未有的速度发生巨大的变化，学校和教育工作者也应该积极应对这种变化，不能再像以往一样，让学生被动地接受来自教师提供的资料和直接指导。适应学教方式变革的学习空间设计可对学生的学习和成长产生积极的影响，可有效地利用空间从而促进师生互动，提高课程的参与度。灵活设计的空间有利于学生以小组的形式与老师和同学轻松地互动，也有利于整个班级的互动。

教育的根本问题是“培养什么人、怎样培养人、为谁培养人”。随着改革的深入，跟随世界各国教育改革的走向，我国的教育越来越聚焦学生核心素养的发展。如何基于核心素养去设计构建有利于学生发展的学习空间，值得教育者们深度研究及探索。上城教育关注学生多样化的学习需求及个体化成长，聚焦学习空间的开放、多元，力求通过四个转变来实现基于核心素养立意的学习空间导向变革，使那些原本割裂开的空间不断进行融合，发展成为紧密联系的一体化空间，以助力新时代学生发展。

1. 从模板化转变为个性化

教育旨在培育一个个有健全人格、独立个性，对社会发展有所助力的人，而不是制造一批只会学习的机器。模板化的学习空间不利于学生实现全面而有个性地发展，也无法满足社会对多元化人才的需求。因此，在学习空间的构建上需要充分考虑它的情境化、灵活性、互动性，这样的空间才能有效调动学生的各种感官和学习兴趣，调动学生应用生活经验，发挥主观能动性，从而促

进学生知识体系的有效建构和学生自身的全面发展。通过精心设计学习空间的建筑造型、色彩色调、内部修饰等，吸引学生的注意力，特别是对于低年龄段学生而言，这更能激发他们的求知欲和探索欲，调动他们的主观能动性，从而让不同阶段的学生都能在适合他们的空间中成长。

2. 从封闭性转变为开放性

传统的班级授课制凸显了学习团体的固定化和学习空间的封闭性，学生的思维在这样的环境中容易受到局限，生生、师生间的交往与互动也将受到阻碍。面向未来的教育应该力图打破学习空间的阻隔，指向“私人订制”，指向学习场景的相互融合和联通，通过提供丰富的资源以实现学生高质量的自主学习。开放性的学习空间应该在组织上更具弹性，便于开展混班、混龄、校际走班等探索。教师由教学中的核心转变为指导服务的角色，承担学习情境的创设者、学生发展的交流者、学习的评估者等职责。学生可以按照他们喜欢的、适合的方式开展学习。学习空间的开放还指向学习内容，通过拓展延伸空间边界，使学习空间与大自然、社区、学校的其他功能区块实现互联互通。通过这样的学习空间重构，为学生习得现代的各种学习方法，掌握现代的各种学习工具的使用技巧提供助力。更重要的是，让学生能够保持学习的动力与兴趣，把学习当作生活与交往的重要内容，学会学习。

3. 从单一化转变为多元化

学生的全面发展离不开多元化的学习，也离不开环境的浸润。美国斯坦福大学首任校长大卫·斯塔尔·乔丹曾说：“长长的连廊和庄重的列柱是对学生教育的一部分，四方院中每块石头都能教导人们要知道体面和诚实。”由学习场所的物理空间构造的文化空间将对学生的教育起到潜移默化的作用。传统教育下的单一化学习空间无法为多元化的学习提供足够的助力，当下倡导的合作学习、项目化学习、具身式学习等学习方式在这种空间中也得不到应有的支持。特别需要关注的是教室等正式学习空间和其他非正式学习空间的有机融合和有效过渡，要将学习空间看成一个多元整体，其功能板块需相互衔接、相互补充，并通过设施设备的完善和健全来实现全域学习的泛在化。

4. 从传统化转变为数智化

学习空间的数智化是指通过计算机网络技术、VR 技术、AR 技术等智能化设计，为学习空间中的学习活动提供信息通道和内容，通过构建以场景创新为重点的集成系统，打造有归属感、舒适感和未来感的新型学习功能单元，为学习方式的变革提供可能。信息技术应用于学习空间构建，有助于打破传统课堂的学习时空边界，实现生活与学习、问题解决与知识应用的交互生成。而基于智能技术的学习空间所产生的学习行为数据，是研究学生学习与发展的重要数据，也是对学习空间进行学习分析、资源调整、效果评价的重要依据。技术资源与课程、空间的灵活融通，能对学生的学习状况进行监测，减少个性化学习造成的时间浪费，能更显著地提升教育效率与效果。

三、突破学教方式变革的未来学习空间

对学习空间的思考就是对学教方式的思考，因地制宜地开展教学活动的理念一直存在，但随着时代的变化，社会对教育的期待也会有所不同，对学习空间的期待亦是如此。好的学习空间应该随时代需求的变化而变化，尽可能向教育的真实、本质回归。全新的未来社会正在慢慢显现，崭新的教育范式即将逐步形成。目前正处在一个新旧交替的阶段，积极应对学教方式的新变革，设计适合当下学生个性化学习的学习空间，对教育者来说是挑战，亦是机遇。上城教育握住了这把打开面向未来学习的“钥匙”，开启了基于学教方式变革的学习空间构建的区域探索。在探寻中，上城区将思考如何把学习空间与当下社会的教育需求及原有的文化积淀重新联系起来，使学生在独特的空间开展多元化学习，既能传承学校的历史与传统文化，又能满足面向未来的学习需求。

1. 点亮学习的教室革命

教室作为学校中最常见，也是对学生影响最大的学习空间之一，其设计是学习空间设计的关键。长久以来教室作为典型的学习空间，其形态变化极其微小，现在的教室格局和三十年前几乎是一样的。上城教育以教室作为学习空间革新的起点，开启了点亮学生学习的变革之路。

杭州市丁荷小学坚持适合儿童发展的教育理念，秉承“和而不同，美美与共”的办学方针，在校园空间规划中时刻融入“和合文化”的思想，使空间与育人观相辅相成。“微拍世界”STEM 实验室涵盖教研活动、交流展示、STEM 项目化学习、微视频拍摄、后期制作和师生体验，形成了多元化、综合性的学习场。根据教学所需，学习空间分为授课空间、微拍空间、展示空间和制作空间，以“世界、人类和谐共生”为旨归，以“爱拍、妙想、乐做”为价值追求，以“细微拍摄”和“研究性学习”为方法。学生通过拍摄、录像、描绘、泥塑等多种方式进行观察和记录，走进生物、社会、历史学科和未来世界。

在普通教室功能足够强大的前提下，上城区从杭州市建兰中学首创的“一大二小”教室组合模式演变为“四大一小一办”学习簇群，以四个（普通）教室为组合形成学习簇群化的空间设计，并配备个别化辅导室、教师办公室、洗手间及共享交往空间等设施。其中，个别化辅导室面积为 30 平方米左右，并结合每层教工人数配置大办公室。同时，上城区面向教室外不同学段差异化的共享学习簇群开展空间设计。其中，小学低段教室外的学习区，以跨班的活动空间为主，突出空间的游戏性与交往性；中段开始逐步加强空间的个性化学习、小组学习功能，形成半开放与开放型相结合的多元学习空间，为学生养成更为专业的学习方式提供更好的服务。

上城的专用教室不仅仅是用来听课学习的场所，它的设计结合了本校特色课程，具有休憩、活动、实践等多种功能，能适应学生个性发展的需要。例如，杭州天地实验小学的音乐专用教室引入多重功能复合设计理念，将形体舞蹈、舞台表演、瑜伽练习等进行整合；杭州市娃哈哈小学培养学生的动手实践能力，将美术专用教室转化为学生开展书法篆刻、工艺创作、绘画写生等实践活动的场所；杭州市崇文实验学校的科学教室开辟了“动手园地”，内有各种各样的模型、标本，学生们任何的奇思妙想都可以在这里得到实践与展现。

2. 闲散区域的空间变革

中小学生每天大部分时间都在校园内学习和生活，除了在教室内进行课堂学习及互动交往以外，他们还会在校园内的其他空间进行各种形式的学习互动，比如体育活动、课后服务、劳动体验、社团展示等，这些活动体验场所也是学生全面成长、个性发展不可或缺的一部分。上城学校充分挖掘除教室之外空间的利用价值，将原本单一功能的区域进行空间功能复合化的变革改进。

上城学校的走廊已经不仅是通行空间，而是以“人流 + 信息流”为理念设计的非正式学习的空间。教学楼的走廊上，每几间教室外就有一个大约 40—60 平方米的港湾式空间，这从教学意义上来说比单纯的走廊要有效得多。这样的走廊不仅满足了师生穿行的基础需求，更为学生获取大量课堂外的信息提供了可能。这些信息由学生自行提供，不受老师限制，随时更新。走廊的宽度是有选择性的，普通走廊宽 3 米，局部区域宽 6 米（可结合个别化辅导室）。中央共享区域的走廊能够形成开放式的小交流厅、架空廊，在教学楼的合适空间位置设架空层，既可作为下雨天的活动场地，也可作为重要的教育场所。

学校门厅不再是简单的过道，除了承担通道功能之外，还可以作为学校荣誉的展示空间。教学楼门厅作为对外宣传和交流的重要场所，可与学校办学理念相结合，展示学生作品和学校荣誉，凸显学校的办学特色；同时适当设置休憩座椅，更显人性化。经过不断地升级，不少学校门厅的功能变得更加强大，例如，杭州市胜利山南小学在新建工程中，将学校门厅打造成探索多维功能复合的邻里中心——“学校客厅”，其位于学校主要建筑入口处的跃层空间，通高两层，与门厅、校史馆、图书馆一并规划，并在主要大厅设有大小台阶，满足特殊天气时家长的接送需求，实现了功能融合，与社区进行资源共享，成为师生重要的交往场所，还在局部空间留足文化展示与交流空间。杭州市蒋筑英学校

（原杭州市抚宁巷小学）则将学校门厅变成了向师生家长甚至是社区居民实施预约开放“以书会友”的“会客厅”。“小筑小英悦读会客厅”内含 560 个点位的智能图书馆、多功能借阅机以及横、竖屏阅读机等智能阅读设备，有能满足不同阅读组合的可移动阅读桌椅，可支持 5—15 户家庭开展线下阅读和交流活动。空间的变革，使原来功能单一的门厅变成了家校合作、亲子共育的重要场所之一。

活动空间不足、学生多样化需求难以满足、学生素养和能力难以有效提升等问题都是城市老校存在的典型问题。上城教育利用创新思维让旧空间焕发出新的教育活力，对学校边角空间进行改造，设置完善的保障措施，在确保安全的前提下，赋予其更多元的空间价值。特别是一些老城区内的学校，由于地域限制，可挖掘的空间资源非常有限，学校边角再利用为学校空间拓展开辟了新思路。浙江省杭州第六中学利用校园的边角空间，打造了“智慧农业科研基地”（见链接 1-2-1），包括生态农业园、种子培养室、科普展览室等，占地面积 140 平方米，形成了集资源型场景、课程化知识场景、功能性应用场景于一体的学习场景，是有时间的空间，有情境的环境，有领域的场域。在这里，浙江省杭州第六中学的学生们可以开展“STEM+ 农业”课程与传统的学农活动，除了种植和养护植物外，学生们还通过相关软件和智能设备，开展跨学科学习，不仅能够有效掌握科学探究的方法，还能了解农业与日常生活的关系。这些边角空间的“变废为宝”，为学生的多元学习提供了巨大的助力。

链接 1-2-1 浙江省杭州第六中学智慧农业科研基地

3. 文化浸润的特色探寻

学习空间体现了学校的特色文化，建设完全一致的学习空间不利于学校彰显与传承自身的特色文化。学生在别样的学习空间中学习和生活，同时浸润在校园文化中，感受校园特有的文化价值，并逐步认同文化，进而传承文化。上城学校的学习空间既注重空间本身的构造，让空间的外形、色彩等与周围的环境协调一致，也注重对历史文化传统的传承，彰显了学校自身的特色。

杭州市天长小学用特殊的学习空间讲述学校故事，蕴含着极大的教育价值。在改建项目的设计策略上，学校延续了改建前的文化传统，同时加入童真童趣的元素，打造出幸福、自由的学校氛围，每一处角落都承载着其特有的教育功能，极大地提高了空间质量，成为孩子们成长的精神乐园和可探索的“交往校园”。在教育空间利用上，学校依托“一个模子不适合所有学生”的理念，创立个性化空间，让学生在多样化课程的拓展交流中发展个性，在“交往”空间中丰富课余生活；同时在各项校园活动中为每个学生搭建展示平台，让每个学生都能在历练中学会交往、欣赏与包容，体现了学校差异化教学的特色。

杭州市娃哈哈小学秉承“博雅尚美，以美育人”的办学理念，在学校空间建设上着力突出“美”。学校顶楼的博雅剧场以环保材料竹子为原料，寓含“宁可食无肉，不可居无竹”的高尚气节，是学生们表演的殿堂。博雅广场的“艺”字墙，由中国美院大师和杭州市娃哈哈小学的学生们书写的 60 个不同的“艺”字的雕刻组成。地下的博雅艺术中心是集篆刻、书法、绘画、器乐等多功能于一体的艺术教育空间。杭州市娃哈哈小学的空间环境让学生时刻沉浸在美的体验中，时刻接受着美的教育。

4. 资源盘活的中心建设

作为教育发达的中心城区，杭州市上城区的学校拥有优质的学习空间，资源丰富，特色各异。为了使区域内优质空间资源实现共建共享，2018 年开始，上城区和华东师范大学教育学部开展项目协作，启动了区域学习中心建设项目。上城区区域学习中心是以师生共建共享、优化配置优质资源为目标，以实现无边界学习为指向，促进人与空间环境、学习资源、智能技术的充分交互，服务于学生全面而有个性的发展的复合式学习空间。在推进区域学习中心建设过程中，上城区始终坚持“为每个孩子提供个性化的高品质服务”的价值取向，以无边界学习为理念，在学习内容方面，致力于实现课内课外结合、学科之间融合，在信息技术方面，建立线上线下学习、正式学习与非正式学习共同支持的模式，为学生提供更广阔的学习空间，同时积极依托社会、家庭的资源力量，共同构建支持创新教育的优质生态。

当前的学校教育，学生们绝大多数时间只是坐在普通教室里学习，所谓的专用教室往往功能并不齐全，呆板的布局也不利于激发学生的学习兴趣。上城区在开展学习中心空间建设时，坚持以学生为主体，按照资源准备区、教学区、操作区、互动研讨区、成果展示厅“四区一厅”进行布局，同时从功能设计、尺度设计、色彩设计、材质设计四条设计线进行综合考虑，重建或改建原有学习空间，并借助智能化设备，为学生自主学习提供信息流通的渠道及平台，真正实现了从“教室”变为“学室”。例如，胜利实验创意智造学习中心设计、建设了占地面积为 400 平方米的学习空间，包括制作调试区、木工制作区、激光切割区、3D 打印区、头脑风暴路演区等多功能空间，支持学生进行浸润式学习。空间在功能布局上满足了小组学习与常规教学并存的需求，在课程资源上将线上与线下结合，在运营机制上实现校内与校外融合（见链接 1-2-2）。杭州市蒋筑英学校则是对原有的四楼科技馆进行了重新规划，打造多区域的探究空间，以项目式自主实践探究为主要学习方式，重视问题情境创设，强调多元展示共享。学生在活动准备区、任务领取区、探究材料区（工具区）、实践操作区、展示评价区等五大区域中体验不同选择，丰富实践经历。

链接 1-2-2
胜利实验创意智造学习中心功能布局

杭州市澎雅小学的“好玩的中药工坊”将传统功能教室仿照中药工坊划分为切片区、烘干区、磨粉区、煎药区、捣药区等不同区域，让学生在氛围浓厚的教室内体验传统中医药的制作过程。不仅如此，学校还将行政办公室楼顶上 700 平方米的楼面覆上土，让学生在这些学习场景中展开生动且丰富的中医药学习活动，让学生既可以在室内进行手工艺品创作，又可以在室外进行中草药识别与种植等活动。杭州市丁信小学的风信沙艺艺术空间在设计上充分考虑学习空间的共享，学习内容也分不同主题、不同类型、不同难易程度等，可为区内师生提供更多优质的学习资源。在设计线上学习资源时，学校紧跟时代潮流、结合当下热点调整课程内容，如杭州特色、喜迎亚运、红色传承等特色学习内容，旨在打造生活化的“学习共享空间”。线下课程根据学校“五美十会”综合素养评价体系，着力培养学生的动手实践能力，舞台表演能力，艺术创作能力等，让艺术教育面向大众化。风信沙艺艺术空间既能满足学生基础性的课程学习，又是传承和弘扬传统文化的阵地，还是开展拓展性课程学习的场所。

上城区的学习中心还主动打破学校场所和社会的边界，将学习中心的空间拓展到学校以外的社区中去，将上城区河坊街历史街区、南宋皇城遗址、环西湖历史博物馆等丰富的资源纳入学习中心空间建设中，广泛开展创新教育社会实践活动和主题研学活动。通过重构学习空间，让学生人人、时时、处处浸润在创新教育的氛围之中，激发学生自主探究的欲望与学习思考的好奇心，为培育学生的健全人格和创新能力打下基础。例如，杭州师范大学第一附属小学与浙江自然博物院、中国财税博物馆达成深度合作，共同架构起“浙江省校园博物馆学习中心”，推动“贝类王国”“小小理财家”等微型博物馆进校园，将学校的门厅、走廊等空间进行重构，使“第二课堂”变成了“第一课堂”，让更多的上城学子获得丰富的学习资源。

学习空间是校园文化的一部分，是学校师生物质文化的产物，是校园精神文化的载体。未来将至，走向未来学校的起点只能是脚下，教育者应该适应社会的发展和满足学生成长的需求，有目的、有计划地为实现教育目标而创设、积累、共享精神和物质环境。正因如此，上城教育一直在研究如何让学习空间为教学的核心服务，更好地适应先进的教育模式，引领当代的教育改革，而这一实践将从以前延续至现在，也将延伸至未来。

参考文献

[1] 伊万·伊利奇．去学校化社会［M］．吴康宁，译．北京：中国轻工业出版社，2017.

[2] 耿兆辉，朱云艳，侯翠环．约翰·霍尔特家庭学校教育思想新探［J］．河北师范大学学报（教育科学版），2011，13（7）：63-65.

[3] 菲力浦·阿利埃斯．儿童的世纪：旧制度下的儿童和家庭生活［M］．沈坚，朱晓罕，译．北京：北京大学出版社，2013.

[4] 方明生，孙可平，高振宇，等．儿童研究：世纪的回眸与展望［M］．上海：

华东师范大学出版社，2019.

［5］车广吉，丁艳辉，徐明．论构建学校、家庭、社会教育一体化的德育体系——尤·布朗芬布伦纳发展生态学理论的启示［J］．东北师大学报（哲学社会科学版），2007（4）：155-160.

［6］郑一峰，李敏．区域学习中心建设的上城探索［M］．北京：现代出版社，2022.

［7］周洪宇，易凌云．教联网时代：一场即将来临的教育变革［M］．北京：科学出版社，2018.

［8］朱永新．未来学校：重新定义教育［M］．北京：中信出版社，2019.

［9］王毓珣，等．教育学视角下的未来学校［M］．上海：华东师范大学出版社，2020.

［10］约翰·D. 布兰思福特，安·L. 布朗，罗德尼·R. 科金，等．人是如何学习的：大脑、心理、经验及学校（扩展版）［M］．上海：华东师范大学出版社，2013.

［11］陈向东，高山，蒋中望．现代教室结构的形成及其对未来课堂的启示［J］．现代教育技术，2012，22（02）：16-20.

第二章

选择：学习中心的建设与革新

课程必须要不断改革、不断创新。中华人民共和国自成立以来，先后进行了多次基础教育课程改革，每一次改革都积累了丰富的经验。随着我国改革开放和社会主义现代化建设进入新的时期，面对日新月异的科学技术，传统基础教育课程存在的问题、弊端也明显地凸现：教育理念滞后、课程结构单一、学生死记硬背、题海训练普遍。它们对实施素质教育的制约和产生的不良影响，也亟待课程改革来消除。本章从学习中心建设的五大教育价值、学习中心的组织架构、空间重构、个性化课程推送、无边界学习样态等方面，概述了上城探索并构建学习中心以更好地满足学生发展需要的过程。

第一节
学习中心建设的教育价值

⊙

当今世界科技日新月异，网络与新媒体迅速普及，人们的生活、学习、工作方式不断改变，儿童成长环境变化较大，人才培养面临新的挑战。因此，新颁布的《义务教育课程方案和课程标准（2022 年版）》，在继承我国课程建设的成功经验和借鉴国际教育先进理念的基础上，要求深化改革，强化课程的综合性，突出课程的实践性，转变学习方式和育人模式，着力发展学生的核心素养。并强调关注因材施教，满足学生个性化、多样化的学习和发展需求，与时俱进，突出全纳性、全面性、基础性，发展素质教育，培养时代新人。

上城教育积极探索实践路径与载体，始终以儿童本位为支点，落实学习方式的转变，构建真正能够促进学习者线上线下混合学习，保障学习者与空间环境、学习资源、智能技术的交互作用，以学习者的发展为中心的智能、安全、开放、互动、健康、生态的复合式学习空间，推动区域内各学校在教育资源配置方面实现开放共享。区域内各种学习实践基地、学习新空间、学习中心不断升级迭代，也成为上城素质教育一道亮丽的风景线，为上城学子健康快乐地成长提供了有力保障。

一、促进学生全面发展

2021 年 4 月 29 日，第十三届全国人民代表大会常务委员会第二十八次会议修正《中华人民共和国教育法》，将教育方针规定为“教育必须为社会主义现代化建设服务、为人民服务，必须与生产劳动和社会实践相结合，培养德智体美劳全面发展的社会主义建设者和接班人”。

基础教育是国家教育的重要环节，青少年时期是个人成长和发展的重要阶段。学校要构建德智体美劳全面培养的课程体系，贯彻新时代党对教育的新要求，坚持德育为先，提升智育水平，加强体育、美育，落实劳动教育，确保“五育”并举，促进学生的身心健康和全面发展。

对教育工作者而言，如何让学生在学习的过程中，既能获得知识又能培养终身学习和自主发展的能力和品质，是一个十分重要的命题。特别是在中小学生创新素养培育的探索中，区域和学校该选择什么样的路径、策略和方法？《深化新时代教育评价改革总体方案》特别强调了“以德为先、能力为重、全面发展”的全人发展理念，“德智体美劳全面发展”成为衡量新时代背景下创新人才培养的重要标准。新时代创新人才应具备“科学人文”“创意创造”“社会情感”等各方面的素质。

上城区各种学习中心的建设是以促进学生的核心素养发展为目标的。中国学生发展核心素养分为三个方面，即文化基础、自主发展和社会参与。其中，文化基础指学生通过人文、科学等各领域知识的学习，形成的符合时代要求和中国特色的文化素质。这对于一个受过教育的人来说是具有基础性意义的，也可以说是受过教育的人的底色。文化基础又分两种具体的素养，即科学精神和人文底蕴。在科学精神方面，《中国学生发展核心素养》指出：“主要是学生在学习、理解、运用科学知识和技能等方面所形成的价值标准、思维方式和行为表现，具体包括理性思维、批判质疑、勇于探究等基本要点。”而人文底蕴更具有基础性，这是因为人文素养对于社会中的人来说是不可或缺的。如果一个科学家不懂人文，那么他就不清楚社会需要什么，他的研究成果便难以被运用。科学家只有有了人文底蕴，才能真正了解大众的生活状态，从而让自己的研究造福大众。

值得注意的是，进入 21 世纪以来，基础教育越来越重视科学知识与人文知识的结合，即 STEM 教育。STEM 教育强调跨学科教育，指向真实情境中的问题解决，学生可以选择有关学习的各个方面，比如学习的主题、进度、策略以及知识或技能的呈现方式等，学校和教师则寻找合适的方法为学生提供学习支持服务。虽然这种教学模式整体以智育为主，但在开展过程中也常常需要“德、体、美、劳”的参与。STEM 教育的八大特征如图 2-1-1 所示。

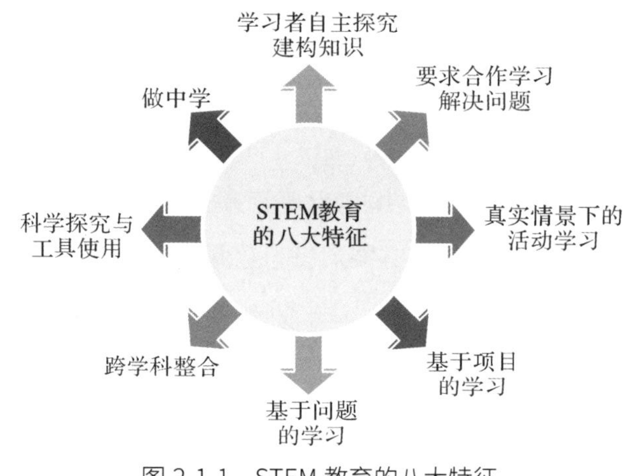

图 2-1-1　STEM 教育的八大特征

二、面向未来的素养培育

中国的教育有许多优势，中国学生在学科知识方面普遍比较扎实，但教育者必须看到学生的短板，即动手能力和创造力不够，在“学以致用、知行合一”方面需要加强。

深化课程改革的方向是依据学生终身发展和社会发展的需要，突破现有课堂的束缚，让“学习”发生，由“知识点”转向“核心素养”，为学生成长提供更多实践机会，创设相对宽松的环境让学生试错、遐想、休闲，发展解决真实问题的能力。

心理学研究表明，创造性思维具有新颖性，它贵在创新，或者在思路的选择上、或者在思考的技巧上、或者在思维的总结上，具有前所未有的独到之处。具有创造性思维的人能在前人、常人的基础上有新的见解、新的发现、新的突破，具有一定的首创性、开拓性。创造性思维的核心是设计思维，是在看似没有关系的事物间建立起联系，并针对同一问题提出多种解决方案，最后通过理性思维分析，作出最优的选择。

目前，我国青少年的创造力指数不容乐观。数据显示，从小学到初中，中国学生多项创造力指数持续下降，尤其是技术和产品设计能力。这就需要教育者在补齐育人短板上多下功夫，努力创设更多、更好的载体，通过为学生提供真实且有价值的学习场域，唤醒学生内在成长的驱动力，激发学生创造的潜能，帮助学生更好地适应未来社会不确定性带来的诸多挑战，努力实现高质量的素质教育。

近年来，上城区发挥区青少年活动中心等科技基地的资源聚集、专业辐射、活动丰富的优势，除了打造了区内科技创新中心等场地外，还研发了线上创新教育学习平台和实践社区，将线上和线下联通衔接，在正式学习和非正式学习的共同支持下尝试打造开放无边界的创新学习环境。

要成为一个创新型人才，除了具有科学人文素养和创造素养之外，还应具有良好的社会情感，这是“全人教育”的重要基石。社会情感学习作为未来学习的基础，一直被广泛认同。社会情感素养包括自我意识、自我管理、社会意识、人际关系技能和负责任的决策。理解、沟通和践行是实施社会情感学习的重大挑战，需要家庭、学校、社会理解社会情感学习的价值，并发挥好各自在实施过程中的作用。

教育的协同非常重要，如果家庭、学校、社会对社会情感学习的重要性看法不一致，学生就会陷入矛盾的境地。家长、教师和社会教育工作者必须参与健康的社会情感教育，将正直、勇气、协同等能力融入教育教学之中，才能使社会情感教育取得成功。特别是学校在开展教育教学活动时，要努力将社会情感教育活动纳入学校生活的方方面面，让学生在学习中不断健全人格、体验幸福。

上城区在推进学习中心建设的工作中，力图将社会情感学习融入学习中心课程体系的各个方面。学习中心不仅是学习创新技能、提升创新意识的实验室，还是一个安全、轻松的学习环境，学生可以在学习中心充分体验人际互动带来的快乐。在这种环境中，教师也会帮助学生学会处理冲突和应对困难，为他们提供工具和策略，促进以彼此尊重为基础的交流和接纳。

三、儿童本位的个性教育

2000 多年前，孔子就提出了“有教无类”和“因材施教”的教育主张，这是中国传统教育哲学对教育学理论的重大贡献之一。“有教无类”是指面向人人的教育要树立“全纳”的思想，特别是对有特殊天赋的学生和学习有困难的学生，更要做到一视同仁。“因材施教”是说学生的天资禀赋、个性特征、兴趣爱好、职业取向各不相同，要考虑每个学生的特点，给予学生更多的选择，提供个性化和差异化教育。

如今，上城教育探索学习中心建设，对儿童本位的学习方式进行探讨，就是希望改变传统教育以教师、教材和教室为中心的做法，真正做到以儿童为本位，以学生为中心。

儿童本位的学习，要从保护儿童的想象力和好奇心开始，人类的许多发明创造都是从想象变成现实的。因此，要保护儿童的想象力，给予他们独立思考、自由想象的空间，鼓励他们大胆想象、发散思维，这样他们长大之后才能想前人未能想、做前人未能做。

儿童本位的学习，还要让儿童在实践中发现问题、解决实际问题，激发他们的创新思维。在医疗领域，许多先进的治疗方法并非在实验室里产生的，而是医生在临床实践中设法解决各种问题时创新而来的，教师也应鼓励学生通过实践发现知识在课本之外的应用领域，鼓励学生用批判性思维和创新性眼光对问题进行分析研究，提出解决方案。

以学生发展为本是实施素质教育的前提。素质教育的本质是实现更人性化的教育，为每个学生提供优质教育服务，鼓励学生自由成长，充分发挥他们的潜在能力，尊重他们的优秀品格，培养他们的自信心和自尊心。然而，传统的学校教育依然存在着种种弊病，如学习的空间和时间规定高度统一，抑制了学生的个性成长；如课堂教学活动中，教师仍然是教育活动的主导者，是学生交流的核心，无法在四五十人的班级做到因材施教。人们越来越意识到，高质量的基础教育不应仅仅满足于数量上的普及，更应转向内涵质量上的提升，要把核心素养培育放在更为突出的位置，我国对学生发展核心素养有自己的界定："学生应具备的适应终身发展和社会发展需要的必备品格和关键能力。"这是素养时代的中国表达，体现了"新质量时代"的价值观聚焦核心素养，所追求的就是适应学生成长所需要的，就是为学生的综合发展、一生幸福奠基的。现今，倡导并践行这样富有时代性与先进性特征的主流价值观，才能在"新质量时代"的转型发展中，让教育实现促进人的自身和谐发展、为社会发展作出贡献的目标，才会让追求幸福的人民群众对教育更加满意。

因此，在复杂多变的未来世界，如何赋能学生实现自我回归，帮助他们在日常的学习和生活中，树立正确的价值观和塑造独立的人格，让他们内心丰盈，富有创新精神和批判能力，具有解决复杂问题的综合能力和自主决定的能力，已成为教育工作者的历史使命和光荣职责。在这种情况下，相应的教育改革研究也由此展开。上城区将上述目标都融入区域学习中心建设的实践中，设计出学生在区域学习中心学习生活中必然要经历的探究式实践、项目化实践和社会化实践的重要内容，学生的核心素养在区域学习中心中被提升与内化。

四、突出学生的实践能力

如果说 2022 年进行的课程标准修订在课程内容上的突破和创新是突出"学科大观念"，那么其在教学活动上的亮点就是强调"学科实践"。《义务教育课程方案（2022 年版）》将"变革育人方式，突出实践"作为基本原则之一，强调“加强课程与生产劳动、社会实践的结合，充分发挥实践的独特育人功能”，在这方面学习中心大有可为。

学科实践是以实践的方式展开的学习。实践是人对客观世界施加本质力量的变革性行动，即面对客观真实的问题，通过躬身入局，追求显性可见的结果。以实践的方式进行学习，具体来说就是在情境中、活动中、操作中、应用中、体验中学习，让学习成为学生的一段真实、现实、切实的行动过程和生命历程。以实践的方式，学习得以基于客观世界，回归客观世界，使学科大观念应用和服务客观世界，改善和提升客观世界质量。

2018 年全国教育大会指出，要培育德智体美劳全面发展的社会主义建设者和接班人。“五育并举”一头连接着国家的未来战略，另一头连接着人的生命和灵魂。在教育实践中，不应单独发展德育或智育，而是要按照系统的观点来理解“五育”。要建设全面发展的课程体系就必须在“一育”中发现“五育”、渗透“五育”、落实“五育”，构成一个完整的育人体系。近年来，STEM 课程、综合实践课程、项目化学习、研究性学习等跨学科的整合课程由此应运而生。

学习中心的课程整合将不再局限于单项学科，学科教学可以采取跨学科学习的方式实施。课程整合在帮助学生实现跨学科学习的同时还期望学科教学凸显跨个人领域、社会领域和职业领域的特征，将知识学习与多样化的情境联结，助力学生生成跨领域的情境体验，从而促进学生对知识的深度理解和广泛迁移。

19 世纪以来，“以课堂为中心，以教师为中心”成为传统学习的主要特点，这种学习方式为社会培养了大量的合格人才，但是学生逐步失去了学习的主动性和积极性。20 世纪 80 年代以来，人们逐步认识到传统学习方式的标准化操作模式与人的个性化发展需求之间存在很大矛盾，新时代的教育需要重新对学习进行系统设计。在游戏中学习、在创造中学习、在体验中学习等新方式备受教育界关注，可供借鉴的新型学习方式，具体包括以下几种类型。

（1）面向真实的体验式学习。体验式学习强调知识与实践、知识与研学活动相结合，让学习在真实的情景中发生。例如，教师可以把课堂搬到博物馆、社区、景点，学习内容可以跨多个学科的单元主题，授课教师可以是学校教师，也可以是校外的专业人士，双方开展合作教学。学生在真实场景中自由探究，从而完成主题相关的学习任务。

（2）强调融通的跨学科学习。近年来兴起的 STEM 教育、创客教育、项目化学习都把跨学科学习作为重点，强调通过不同学科的交叉融合，培养学生的实践创新能力。跨学科学习倡导教师根据生活中的真实问题设置系列主题，教师引导学生们围绕着这些主题，运用多学科知识进行专业设计、合作学习、评价跟进，从而实现更加综合的学习。

（3）注重思维发展的深度学习。深度学习是让学生将所学的新知识和原有知识有机联系起来，获得对知识的深层次理解，建立自己的思维框架，并有效迁移到其他问题情境中；教师要善于从学科本质和学科素养入手，对教材内容进行重组，设计挑战性问题，开展主题式教学设计。

（4）创设多向链接的无边界学习（见图 2-1-2）。无边界学习让教育资源变得更加多元开放，学习活动发生的场合将不再局限于学校。学校教育从来不应是孤立的，学校和家庭都处于社区之中，社区的图书馆、博物馆、科技馆、电

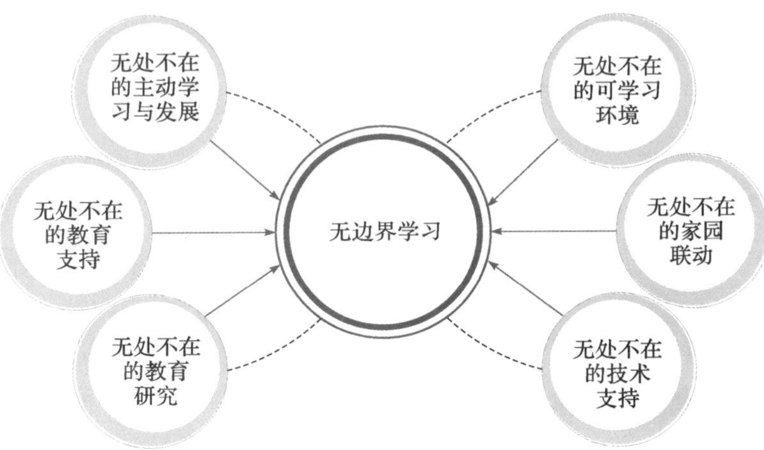

图 2-1-2　无边界学习路径

影院、剧场、健身中心都是很好的教育资源，上城区要引导学生走出校园、走进社会，推进中小学校和大学、社区、家庭开展合作，协同形成育人的合力。

在新型学习方式的带动下，学校形态将发生重大变化。上城区正着力推进建设区域学习中心，力图打破学校围墙的阻隔，指向私人定制，指向学习场景的相互融合。学习中心可以提供丰富的资源，为实现学生高质量的自由学习提供条件，在组织上将更具弹性，开展混龄、混班、校际走班等探索，教师由学习中的核心位置转为主要为学生指导服务，承担学习情境的创设者、学生发展的交流者、学习的评估者等职责，学生可以按照他们喜欢的、适合的方式学习。

五、发挥评价的多元作用

学习评价是指教育者根据一定的教育价值观或者教育目标，运用科学的评价手段，通过系统地收集信息、解读数据，对学生学习情况进行综合判断，从而为优化教育教学提供依据的过程。学习评价具有检测、甄别、预测、导向等多种功能，事关教育教学改革的方向，决定了教育导向。

2020 年，中共中央、国务院印发了《深化新时代教育评价改革总体方案》（以下简称《总体方案》），标志着我国评价制度改革已经从局部改革进入总体改革的新阶段。在评价原则上，《总体方案》要求坚持科学有效的方法，改进结果评价，强化过程评价，探索增值评价，健全综合评价，充分利用信息技术，提高教育评价的科学性、专业性、客观性，并反复强调要建立促进学生全面发展的多元评价体系。《总体方案》明确指出：坚持以德为先、能力为重、全面发展，坚持面向人人、因材施教、知行合一，坚决改变用分数给学生贴标签的做法，创新德智体美劳过程性评价办法，完善综合素质评价体系，切实引导学生坚定理想信念、厚植爱国主义情怀、加强品德修养、增长知识见识、培养奋斗精神、增强综合素质。《总体方案》的主旨思想与当今国际教育评价的发展趋势是一致的，都重视学生的全面发展，综合发挥导向、鉴定、诊断等作用，从而实现对学生个性化、多元化、全面综合发展的评价。

值得关注的是，近年来，伴随着学习科学的兴起和基于教育技术与教育互联网的教育革命的到来，脑科学、心理学的测评技术和数据分析技术成了新时代教育评价的两大基石。

教师可以通过脑科学与心理学两个领域的测评，实证研究学生的发展规律，利用相关工具来精准评估所教学生在各个领域的发展状况，规划学生综合素质发展的路径图，将学生从外在、表面的行为表现转化为内在的、稳定的心理品质和认知功能信息，进而开展科学的发展性评价，最终指向学生未来的可持续进步。

同时，教师也可以借助大数据分析赋能多元评价，使用人工智能等信息化技术，对大数据进行深层次挖掘，从中获取个体的认知水平和心理品质信息，并发现学生的优势能力，助力学生制订职业生涯规划。例如，教师可以尝试将学生的各项能力发展状况与不同职业的胜任力模型进行匹配，帮助学生明确最适合自身发展的成长路径，进而助力学生实现个性化发展之路，真正做到“有教无类”“因材施教”。

面对个性化、信息化浪潮的冲击，教和学的方式必然发生变革。以上城区学习中心为代表的新型学习组织正努力重塑一种新的教育价值观，即从功利主义的目标转向“以人为本”“以学生为中心”；从应试教育转为培养创新型人才。这种帮助学生自立于未来，追求真善美和幸福人生的理念将成为教育人乃至全社会的共识。

第二节
学习中心建设的多元架构

⊙

学习中心是指基于儿童立场，以共建共享为目标，通过统筹配置优质教育资源，打破学校、学科壁垒，促进人与空间环境、学习资源、智能技术充分交互的复合式、无边界、智慧型的学习空间。

学习中心的基本架构就是一个集群式的学习共同体。从学习中心的组织形式上看，它会走向多元化；从学习中心的空间建设上看，它更具无边界的特点；从学习时间上看，它更具灵活性；从学习方式上看，它会走向个性化；从参与学习中心建设的主体上看，它更趋向协作化；从参与学习中心教学的师资上看，它具有复合型的特点。

一、多元化组织架构的新布局

上城区通过推进多样态资源统筹和复合式学习中心集群化建设，连点成线、连线成圈，打造了区域学习中心组织体系，擘画了区域服务学生个性化发

展的新格局。

1. 集优设点，统筹教育资源

按照资源组织形态，学习中心可分为三种类型。

第一种类型是“旗舰式”学习中心。“旗舰式”学习中心由特色课程资源充沛的学校独立承建，是一种资源集聚性的多功能学习综合体。从促进学生体验，到开展学习活动和活动评价，“旗舰式”学习中心具有充足的场地和设施设备。

例如，杭州市蒋筑英学校独立承建的“未来科学 +”学习中心（见链接 2-2-1）设置了五个课后活动的区域：活动准备区、任务领取区、探究材料区、实践操作区和成果展示区，其流程、功能如图 2-2-1 所示。

链接 2-2-1
“未来科学 +”
学习中心

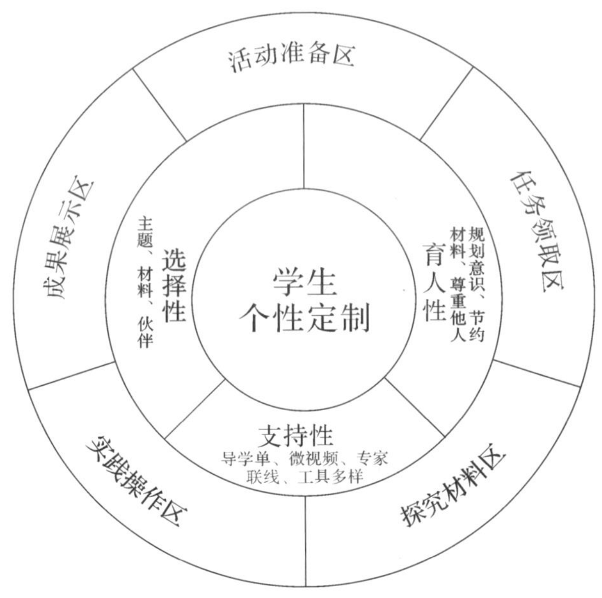

图 2-2-1 “未来科学 +”探究厅区域流程、功能图

学生在进入“活动准备区”后会穿上实验服，头戴护目镜，这使学生在进入学习空间时就感受到浓厚的探究氛围。在“任务领取区”中设有项目选择

触摸屏，学生可通过触摸屏浏览项目主题，根据自己的兴趣选择项目主题。在“探究材料区”，学生可以根据探究内容设计方案，并根据团队的方案在此区获取所需材料。“实践操作区”内则设置了“普通挑战区”和“终极挑战区”，不同水平的学生可根据自身情况进行选择。学习活动结束后，学生们会来到“成果展示区”进行展示分享。

第二种类型是“星月式”学习中心。“星月式”学习中心以学校场地为主要活动阵地，同时将学校周边相关的场馆社区资源作为补充，具有兼收并蓄的特点。这种模式的优势在于能充分利用街道社区的教育资源，与校内教育资源相得益彰，以解决校内资源相对不足的问题。

例如，杭州市紫阳小学创办了传统文化体验学习中心。学校的前身为清代浙江四大书院之一的紫阳书院，依山而筑，富有江南庭院特色。校内清心阁是该校开展课后活动“茶道”课程的主要场所。除清心阁这一主要场地之外，学校还整合周边场馆资源，如太庙广场遗址、紫阳泉、南宋遗址陈列馆等，以“清心教育”为主题开展系列活动。学生利用课余时间，身着汉服，行走在这些充满宋韵文化的历史古迹中，煮茶品茗，以茶示礼、以茶养德，在亭台楼阁之间感受传统文化之美。

第三种类型是“珠链式”学习中心。“珠链式”学习中心以学校为枢纽，统筹规划区域内街道社区的教育服务资源和设施，串珠成链式地形成多个教育资源设施互相补充融合的模式。地处中心城区的老学校，由于校园面积小，资源有限，可采用“珠链式”模式，串联整合既有资源和设施，以实现学习中心空间的优化拓展。

例如，杭州师范大学第一附属小学创办了博 · 悟学习中心。学校地理位置优越，周边历史古迹资源极为丰富，但是该校校园面积只有 6000 平方米，客观上让学生的学习空间很受限。如何拓展学生课后活动的场域，将校园与周边环境串联起来，成了学校思考的重点问题。学校筛选了适合儿童活动学习的场馆，与周围 1 千米内的中国财税博物馆、杭州博物馆、胡庆余堂中药博物馆等十余家场馆达成合作协议，利用这些场馆资源，打破学校的“围墙”，开展研学活动，形成了一张以场馆资源为特色的学习网图，让学生的课后活动有滋有味。

2. 分类连线，实现集群布局

上城区学习中心遵循“五育并举”的理念，以跨学科学习为主线，遴选原有区域精品课程再进行转型升级，按照科技创新、人文艺术和社会实践三大类别开展集群建构，建设区域学习中心（见链接 2-2-2）。

链接 2-2-2
区域学习中心
汇总表

科技创新学习中心集群聚焦科技教育和发明创造，采取创客教育和 STEM 教育等方式，通过项目化学习，解决生活中的科学问题，提升学生的数理逻辑、设计能力和技术应用能力。

人文艺术学习中心集群聚焦语言表达、身体表达和感官感知，采取戏剧教育等综合学习方式，内容覆盖语言、音乐、美术等多个领域，通过主题式学习，提升学生的人文底蕴和审美能力。

社会实践学习中心集群聚焦劳动实践、职业生涯设计，其内容覆盖政治、历史、心理、劳动等领域，以学生生活为起点开展社会实践，提升学生的交往能力，培养学生的道德品质和家国情怀。

3. 连线成网，构建学习网图

在集优设点和分类连线的基础上，上城区将建成涵盖“依山”“拥江”“走运”“望湖”“品韵”5 个区域在内的学习中心，它们与 136 个学校承建代管的学习中心链接起来，创建了一张服务区域学生个性化成长的“网图”。这 136 个学习中心均匀分布在城区的各个方位，确保每一名学生可以在半个小时内抵达各个学习中心，真正形成了促进学生个性化成长的“半小时学习圈”（见图 2-2-2）。

“依山”片区的 17 所学校，以学校场地作为学生活动的主阵地，建立包含红色主题教育、国防教育、生命教育、劳动教育等多主题的学习中心，形成区域化特色学习网图。例如，浙江师范大学附属丁蕙实验小学结合区域特色和学校特色，围绕“艰苦奋斗”这一主题，开辟了实景与虚拟景象相结合的红色教育基地——初心学院。场馆内设置了“井冈山革命根据地”“朱德扁担”“飞夺泸定桥”“过雪山”等体验区，为上城学子探寻“红色之旅”提供了上佳的场所。同时学校积极整合区域内优秀资源，如联动笕桥机场，丰富学生的红色教育资源，学生在真实体验中，进一步坚定自己的理想信念，发扬斗争精神，传承红色文化，争做时代的好少年。

图 2-2-2　上城区部分学习中心分布图

二、多场景体验共学的新空间

为了让学生获得更好的学习体验，上城区学习中心构建以科创空间、文创空间、慧创空间三大场景创新为重点的集成系统，打造有归属感、舒适感和未来感的新型学习功能单元，以支持开展多样态的实践活动。

1. 注重实践体验的科创空间

搭建与科创学习主题相关的场景、装置，需要在功能设计、尺度设计、色彩设计、材质设计方面充分激发学生的学习动机、求知欲和探索欲。例如，浙江省杭州第六中学创办了 STEM 智慧生态学习中心。学校在校园内开辟了智慧农场，而且安装了自动浇灌机、风力测试仪、土壤测试仪等智能装备，充满科技感的场景能够很快抓住学生的注意力，吸引学生沉浸在探究绿色生态奥秘的活动之中。

2. 注重环境浸润的文创空间

以文学艺术为主题的学习空间，采用边界敞开式设计，具有公共开放性的特点，方便学生在此开展合作交流活动，营造有利于创新的宽松环境。如天地戏剧体验中心，建有“三面式开放”小剧场，拥有戏剧排练室、全息化的戏剧教室，围绕戏剧打造了“爱弥儿”电视台、“方圆”微电台、“绿幕”创作室等学习场所，为学生开展文艺创造提供了充分的空间。

3. 注重技术融合的慧创空间

该空间充分考虑学生作为“数字土著”的群体学习特征，创建能够支持学生彼此协作、便捷接入网络、开展真实学习的环境。富媒体技术、传感器技术、学习分析技术等智能技术，使构建高交互性的学习场景成为可能。例如，区域依托之江汇教育广场，与物理空间相呼应，打造虚拟网络空间，该空间承载了丰富的活动资源，学生可以根据个人喜好、能力水平等自主挑选线上课程。

三、个性化精准推送的新课程

只有给予学生自主选择、自主学习的机会，才能真正减轻学生的学习负担，因此，学习中心课程建设的主要任务就是推进学习内容和学习方式的多样化，以菜单化课程服务满足学生的个性化需要。目前，上城区学习中心开发了包括普惠式课程、学养式课程和特需课程三类共百余门课程的服务菜单。

1. 指向面向人人的普惠式课程

此类课程属于学习中心的普及课程，按照“玩中学”的理念，为全区广大中小学生在真实情境中学习、在具体活动体验中成长提供了场所和服务，帮助学生在活动体验中逐步培养正确的学习观、劳动观、职业观、人生观和价值观，提升学生的交往能力和沟通能力，帮助学生发现自己的能力和兴趣所在。

例如，小学生职业体验学习中心开发并设计了职业体验课程，其主要学习内容由职业生涯主题阅读课程、学生自我认知课程、职业体验活动课程三大模块组成（见表 2-2-1）。课程通过在校园和社区中开展丰富的社会体验活动，帮助学生了解社会上各行各业的职业特点，感受成人劳动的过程，接触未来生存的基本技能，引导学生根据自己的兴趣朝着正确方向努力前行。

表 2-2-1　职业体验中心活动课程模块

课程内容	课题名称	内容简介
职业生涯主题阅读课程	了解自己	1. 了解自己的兴趣、特长 2. 了解为什么要制订职业生涯规划，理解职业理想对人生发展的作用
	了解职业	观看相关视频、阅读书籍，了解多种职业的工作性质和社会需求
学生自我认知课程	理解职业	1. 从现实生活或通过网络、电视等渠道了解到的事例，写一写自己对喜爱或敬佩的职业的理解以及对该职业特点的认识 2. 给某一职业的人写信，写一写对其工作的理解，表达敬佩之情
	职业启蒙	对应不同的职业，融合不同的学科，开展无纸化综合素养活动
职业体验活动课程	职业体验	1. 第一阶段：职业兴趣认知——竞争上岗 学生“求职”时，须填写“岗位竞聘申请表”，提出自己对应征岗位的基本工作设想。职业体验项目组根据不同岗位的招录比实行择优录取 2. 第二阶段：职业内容认知——培训上岗 熟悉岗位要求的具体工作内容。导师会对学生进行“岗前培训” 3. 第三阶段：职业情境认知——正式上岗 学生对岗位有清晰的理解，正式步入工作情境 4. 第四阶段：职业价值认知——感受岗位 学生在完成职业体验后，撰写职业体验报告。导师结合学生实际工作表现发放不同面值的“和美卡”

2. 指向兴趣发展的学养式课程

该类课程属于学习中心的中端课程，目标是为对本课程内容有兴趣、有一定基础的学生提供课后活动项目，希望每个选择该中心课程项目的学生能够通过活动，逐步提升解决生活中真实问题的综合能力。

例如，数学小实验学习中心从一年级开始，每学期为对数学实验有兴趣的学生安排 8 类数学小实验项目，60 分钟为一课时，每周二下午放学后在数学实验室开展活动。每个数学小实验一般由 2—3 个“实验串”组成，螺旋上升，逐步深入，完成对某一概念或原理的探究性学习（见表 2-2-2）。每周学生放学后，设置固定时间，让他们在学习中心进行自主探究活动，学习中心除了配备文本资源、网络学习资源外，还开发了用于操作的系列学具、教具，供学生自主选用。

表 2-2-2　一、二年级的数学小实验

一年级上学期项目	周时	一年级下学期项目	周时	二年级上学期项目	周时	二年级下学期项目	周时
玩转数字天平	1.5	摆数棒	1.5	多变的七巧板	1.5	拼 L 形拼板	1.5
小纽扣有花样	1.5	搭火车	1.5	有趣的数阵图	1.5	拼 T 形拼板	1.5
好玩的拓印	1.5	对齐立方体	1.5	巧搭立方体	1.5	四连方	1.5
彩珠连连串	1.5	滚动的骰子	1.5	模型穿框	1.5	视觉数独	1.5
超级变变变	1.5	掷骰子	1.5	小球去哪儿了	1.5	勇夺 24 点	1.5
快乐水杯琴	1.5	数字天平	1.5	奇妙的智慧片	1.5	测量长度	1.5
糖水调配师	1.5	顺序方阵	1.5	硬币与指针	1.5	镜子里的图形	1.5
挑战数字方格	1.5	三连方	1.5	破解密码	1.5	钉板上的方形	1.5
奇妙的池子	1.5	数字转盘	1.5	颜色的魅力	1.5	奇妙的尺子	1.5
合计	13.5	合计	13.5	合计	13.5	合计	13.5

学养式课程的内容设计不刻意追求系统性、完整性，而是着眼于某一概念的本源意义，使学生在游戏化活动中完成对该概念的体悟，为后续深入学习该概念做好奠基。

3. 指向天赋开发的特需式课程

该类课程属于学习中心的高端课程，为对该中心学习主题有浓厚兴趣，并具有一定天赋的资优生研发创生。学生在完成学养式课程之后，由学生提出要求，学习中心为其提供合适的教学方案，并提供其所需的资源和环境。资优生可自主组建团队，自主选择研究时间和场所。

例如，小学生数学与科学创新研究中心设置了私人定制式学习平台。根据学生的研究经历，架构相关的学习区域，该中心的课程以导师制一对一结对的方式进行，每一轮活动的初始导师都会与校内外学生双向选择。校内外学生通过报名，在学习平台上对研究主题及导师进行选择，并根据学习中心授课计划进行为期一年的项目化研究，导师适时指导、组织，帮助、引导学生完成研究，并对最终的研究性成果进行展示评选，保障学生拥有更大的学习自主权，定制式课程的运行机制如图 2-2-3 所示。

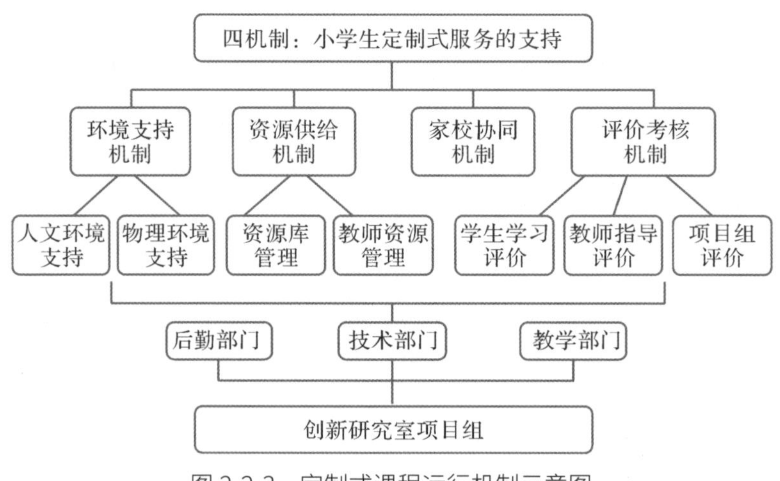

图 2-2-3　定制式课程运行机制示意图

四、无边界学习的新样态

“让孩子自由学习”是上城区学习中心建设遵循的基本原则。各学习中心采取打破学科、空间和时间界限的无边界学习方式，创设了多样又灵活的应用方式，形成项目学习、混合学习、行走学习等多样态学习方式，帮助学生在轻松愉快的氛围中健康成长。

1. 项目学习，突破学科边界

学习中心重点通过项目化学习的方式激发学生求知的动力，提高学生动手协作的能力，让学生在“玩”和“做”的过程中放松身心，自由、快乐地合作探索。项目化学习一般以跨学科为主，包含完整的项目化学习要素和过程，一般需要较长的活动周期。通过让学生主动探究现实问题和挑战，培养学生的动手能力、项目设计能力、问题解决能力，以及在团队活动中的合作交往能力和领导能力。

例如，小小工程师学习中心开展的“一条温暖的路”主题活动便是学生在课后服务时间开展的跨学科学习项目。学生观察到冬季人们在结冰的校园路面上行走容易摔跤，便综合运用科学实验、设计制作模型、调试改进等实践策略，结合学校周边风力较强的特点，利用楼顶的风力发电设备，将风能转化为电能、化学能，最终转化为热能来加热学校的路，融化路面的冰。学生在解决问题的同时，兼顾科学环保和人文关怀，形成了具有独创性的作品。

2. 混合学习，突破时空限制

常规的线下活动中，每个班只能保障 25—40 名学生参与，受场地限制，学习中心的优质课程难以惠及每个学生。信息技术的发展使学习中心由物理空间延伸到虚拟空间，学生不仅可以在校园中与师生开展面对面的实时互动，还可以通过网络课程平台开展线上学习。自 2020 年起，学习中心依托享学平台实施开放课程机制，全区学生可通过学校微信公众号、之江汇网络平台，在全区各学习中心自主申报学习项目，开展大规模线上学习活动，这种模式推动了上城学习中心场域的拓展。

学习中心把线下活动课程制作成 22 门在线课程，课程主题涵盖科学探索、传统文化、戏剧表演等领域，由一系列的微课和相应的学习任务单、微练习、微资源等组成，方便学生在课后自主选择活动。与线下课程相比，学习中心在线课程的学习材料更为精细和丰富。教师把微课程发布在网络课程平台上，利用平台的学习管理功能，支持学生在线学习、在线练习和在线讨论。根据不同课程主题的特点，打破 40 或 45 分钟的固定课时安排，灵活设置长短课、大小课和阶段性课程，形成了以主动、探索、体验、创作为特征的新型学习方式。

这些在线课程不设名额限制，学生可登录之江汇网络平台，根据自己的兴趣和需要，自主选择课程，开展线上学习活动，使用各类终端设备随时随地在线学习，获取学习资源，开展网上交流。

3. 跨校研学，突破校际壁垒

引导学生充分利用区域学习中心网图，寻找适合自身兴趣的网点，开展走校研学活动，通过考察体验、检索聚焦、多重体验、成果分享、反思积淀等环节，发展兴趣特长，提升综合素质。2019 年起，上城区于每学期编写学习中心开放课程汇总表，学期伊始发至各中小学、幼儿园，供师生、家长自主选择，为学生提供学后走校研学的便捷服务。2021 年上城区学习中心开放课程汇总表（部分）如表 2-2-3 所示。

表 2-2-3　2021 年上城区学习中心开放课程汇总表（部分）

序号	学习中心	课程名称	课程主要内容	学习地点	学习时间	招收对象	报名方式
1	创意智造学习中心	创意智造	Pepper 机器人、激光切割造物、蓝牙智能小车、物联网灯光控制	杭州市胜利实验学校	每周三下午 18:00—20:00	三至六年级亲子（学生+家长），每次 8 组（16 人）	面向全区学生和家长

续表

序号	学习中心	课程名称	课程主要内容	学习地点	学习时间	招收对象	报名方式
2	“未来科学+”探究厅	“未来科学+”	结构大力士、疯狂过山车、小建筑家、奇妙的力	杭州市蒋筑英学校	每周五 15:00—16:30	五、六年级学生每节课24人	周边学校可集体预约，由预约学校负责学生接送问题
3	小学生数学与科学创新研究中心	创新研究	成果发布会、文献查阅与摘录、论文写作指导、演讲课件制作	杭州市崇文实验学校或网上学习	每月一次自主学习	四至六年级学生，每节课40人	线下课程面向杭州市崇文实验学校与杭州市胜利实验学校学生，线上课程面向区内各校学生，学生可直接登录之江汇网络平台进入学习中心课程报名

在每期活动开展前，各学习中心除了开设现场报名通道外，还需在区域网络社区与学校微信公众号中发布活动主题信息。校外学生可使用学籍号登录，通过微信选课的方式，获得体验机会，同时也可通过学校集体预约方式进行体验报名。各学习中心在活动前一周将通过区域网络社区或学校微信公众号公布本期活动参与人员名单。

上城区学习中心推行“研学护照”，用来作为学生参与跨校研学项目后掌握相应技能的凭证。该“研学护照”由上城区青少年活动中心颁发，旨在全区流通、“官方认证”。而在“护照”内页，则是具体活动的“签证页”。

官方认证的研学课程，在项目筛选上必须是受到各学习中心认可的。因此，课程必须由经验丰富或有学科特长的教师认真梳理准备，再通过上城区青少

年活动中心的审核，才能公开发布。待区域公布各类课程及相应要求后，各校学生按需选课，并开展相应的走校研学活动。

走校研学的评价是多元且丰富的。这要求教师坚持以表现性评价为手段，运用过程性与总结性并重的策略，激发学生的学习热情。针对学习任务提交过关的学生，由项目负责教师向区里递交过关名单，进行签证审核。签证形式有盖章和贴纸两种，前者是请本校教师统一将过关学生的“研学护照”带到项目负责教师处进行集中盖章，后者是由项目负责教师分发相应数目的过关贴纸，由学生所在学校的教师转交。区青少年活动中心根据学生完成项目的数量和质量给予学生相应的奖励。

五、多元协作融合的新路径

学习中心建设是一个多要素、多层面的系统工程，需要整合支持教育事业发展的各种力量。按照互联互通的思路，需要建立学校主体、相关政府部门、社会、家庭多元协同参与的教育新格局。

1.“学习中心 + 学校”，拓展走校研学服务新渠道

为推进区域学习中心优质课程的共享，各学习中心根据自身在课程特色、环境装备、师资配备等方面的优势，在服务本校学生的同时，努力创造条件，向区域内其他学校开放，开展有组织的“走校”试点与探索。学校与学习中心主动“牵手”，积极创造条件，保证学生在课后能跨校选课学习，在路途中有安全保障。学习中心则选取热爱教育事业、思想素质高、有较高专业技能和丰富教学经验的区内知名资深教师“走校送教”，“走校”包括支教、校际上课、座谈会、教研等面对面模式，以及线上演讲、网校开课等网络研修形式。教师带着项目到有需求的学校，为学生“送教上门”。同时，学习中心根据课程特点及学生跨校选课的实际情况，调整课时安排，采取分散与集中相结合、长课和短课相结合的形式，为学生走校选课提供时间保证。

案例 2-2-1 “求知专线”助力跨校学习

为了充分挖掘校区间的场地、师资资源，开展丰富多彩的学习中心课程，杭州市胜利小学的三个校区积极探索，实施“跨校区工程”。学校借助公交公司力量，科学调配、开通“求知专线”。每周二至周五，由值班教师护送学生参加各校区的学习中心课程，让各校区学生都有机会享受昆曲、南宋官窑等极具稀缺性的课程资源。另一方面利用好学校钉钉平台，全面推动数字化精准管理，为学习中心活动开展保驾护航：一是开放精准放学系统，实现学生常规班级放学、托管场地转换以及学习中心上下课的精准接送全流程数字化，家长在钉钉中可以实时掌握学生的安全动态；二是对学习中心自主选课、班级名单生成、电子班牌签到、学生学习成果展示等进行闭环管理，在线上形成高效互联平台，真正实施学后托管的“数字化工程”。

（杭州市胜利小学）

2.“学习中心 + 家庭”，开启家校合力新样态

学习中心遵循民主开放的基本原则，把学生综合素养的培养作为家庭教育和学校教育的共同目标，鼓励有特长、有时间的家长积极投入，成为学习中心的参与者、施教者。在同一个学习中心，父母和孩子一起参与同一门课程，探究同一个真实问题，共同设计解决方案，成为学习伙伴。

案例 2-2-2 上城区胜利创意智造亲子创客工作坊

为了让上城区更多学生了解创意智造，爱上创意智造，也为了丰富课后服务的形式，杭州市胜利实验学校酝酿已久的创意智造亲子创客工作坊活动正式开展。活动面向全区三至六年级学生，通过学后两小时的亲子合作，完成一个真实的具有挑战性的项目，让学生与家长共同体验

创造的乐趣，活动的日程安排如表 3-2-3 所示。

表 3-2-3 上城区创意智造亲子创客工作坊日程安排

时间	主题	简介
4 月 21 日 18:00—20:00	Pepper 机器人	编写程序，让机器人陪你玩猜数游戏
5 月 12 日 18:00—20:00	激光切割造物	设计并使用激光切割机制作一件创意作品
5 月 19 日 18:00—20:00	猜拳机器人	打造一个能和你玩石头剪刀布的机器人
5 月 26 日 18:00—20:00	蓝牙智能小车	自己设计制作一辆蓝牙智能小车
6 月 9 日 18:00—20:00	物联网灯光控制	编写能控制台灯的亮灭与颜色的手机 App

（杭州市胜利实验学校）

3.“学习中心 + 博物馆”，开创优质资源供给新路径

上城区位于杭州的中心城区，区域内名胜古迹星罗棋布，博物馆资源极为丰富。各学习中心和众多博物馆之间距离较近，这使得区域内优质教育资源的共建共享更易实现。

自 2018 年开始，上城区就启动了场馆类学习中心的建设。在遵循学习中心建设标准的基础上，构建了场馆类学习中心建设的基本操作模式，为各校推进馆校合作提供研究和实践的指南。上城教育力图通过治理改革打破学校与博物馆的教育资源壁垒，实现博物馆资源与学习中心课程的“耦合”。例如，通玄观遗址与中华传统文化学习中心课程结合，蒋筑英纪念馆与“未来科学 + 探究厅”学习中心课程结合，中国财税博物馆与“博 · 悟”学习中心课程相结合，都属于多种资源合力丰富学习中心课程服务的内容。

案例 2-2-3 这所学校的开学礼物是一座宋韵博物馆

超长寒假结束，2023 年初，新学期开启。杭州市钱江外国语实验学校给同学们送上了一份别出心裁的开学礼物，全省首个“可上手的文物

可触摸的历史”开放性、浸润式校园博物馆学习场景——钱江外国语实验学校宋韵博物馆（简称钱江宋韵馆，见链接 2-2-3）。钱江宋韵馆展出了宋茶文化、宋代书画、宋代五大名窑、龙泉窑及春秋战国至明清时期的古钱币，收藏品共计百件，由浙江省收藏家协会张北宁先生提供。值得关注的是，学生竺哲玥是该馆的特聘学生馆长，负责讲解和推广。校长赵骎表示：“希望全市的孩子们具有国际视野的同时更具有家国情怀，所以我们将通过 App 预约、线上线下结合的方式让全市的孩子们都能沉浸式体验钱江宋韵馆，触摸千年历史。同时，学校将和上城区青少年活动中心、社区学院共同开发‘宋音骨’跨学科课程，通过书画美育、劳动教育史、文学素养、设计结构等多领域整合教育提升学生的综合素养。”

链接 2-2-3
钱江外国语实验学校宋韵博物馆

（杭州市钱江外国语实验学校）

4.“学习中心 + 优质企业”，探索资源众筹新模式

近年来，杭州市“数字科技赋能、智慧城市建设”的工作不断强化，以数字经济为代表的科技创新要素成为催生新型发展动能的核心驱动力。正因如此，许多高新企业开始把注意力转移到将数字技术成果运用到各领域、各行业，以创新为核心驱动力实现企业发展转型升级。同时，学校教育正处于推进智慧教育、运用大数据技术推进教学改革的关键时期。区域探索开展学习中心与具有教育情怀、实力雄厚、社会影响力大的企业合作，积极促进产业跨界深度融合，进而推动教育加速迈向数字化、智能化，开创教育高质量发展的新格局。

案例 2-2-4　基于学校大脑的初中科学 STEM 学习中心建设

2019 年，杭州市建兰中学与阿里巴巴旗下杭州学同科技有限公司开展战略合作，探索基于学校大脑的 STEM 学习中心建设，精心打造了适用、舒适、多功能的学习空间——云栖科学实验学习中心，分为实践活动区、交流区、学习资源储备区、成果陈列区等功能区（见链接2-2-4）。云栖科学实验学习中心的核心是融合了学校大脑的控制中心，该中心布置有360°无死角的高清摄像装置及跟踪式体感感应装置，可以捕捉学生的各种动作。同时中心布置有各类精工仪器与工具材料等，可供学生课后学习时选择性使用。此外，该中心也为模型课程与电子制作课程配置了风洞与驾驶舱等设施。学习中心的先进设备及多元化需求设施等，都非常适合学生进行长期项目式学习、实践与展示。

链接 2-2-4
云栖科学实验学习中心设施介绍

（杭州市建兰中学）

六、复合型教师培育的新模式

教师是学习中心提供高品质服务的关键，推进学习中心“学科+”专业化、复合型教师队伍的建设，是建设学习中心的重要任务。

1. 协同教研，促进教师共同发展

在华东师范大学教育学部专家组的指导下，区域学习中心组织管理团队、相关领域专家学者、学科特长教师，积极探索学后服务的学教方式变革，研究跨领域实践活动的路径。如科创类学习中心的课程集科学、数学、技术等学科知识技能于一体，戏剧类学习中心的课程融合了语文、英语、音乐、美术等课程要素，将不同学科的知识与技能进行有机整合和深度融合。这就需要在教学研讨时从单科教研转为跨学科的协同教研，突出不同学科知识之间的相互衔接和联系，以及不同学科之间的教学方法及经验的相互借鉴和吸收。在具体实践中，区域建立了每月一次的“个性化发展：学习中心专题研修”例会机制，构建了基于学习中心的协同教研四要素模型：明确主题—观摩体验—观点探讨—综述与反馈。

2. 凝聚力量，强化学习中心功能

参与学习中心教学服务工作的除了来自不同学校、不同学科、不同领域的教师之外，还有“非遗”传承人、社区工作人员、场馆讲解员、区政府各职能部门的人员。他们和学校、教师协商沟通，发挥专业特长，开设相关课程，为学习中心提供学后公益性服务，拓展学习中心的服务渠道。学校还邀请有特长的家长担任学习中心的施教者，邀请有意愿的家长担任学习中心的志愿者助教、安全管理员等，参与学生活动的评价，并通过他们将全面发展、快乐成长的正确教育理念传播到更多家庭中去。

例如，“科学探究厅”学习中心在进行课程设计时，集结了市、区科学教研员、信息技术教研员、设计师、建筑师、学校骨干教师等多个领域的专家力量，探索项目化学习在学习中心的实施路径。又如，儿童艺术学习体验中心在推进课程实施时，紧密联合西泠印社、中国美术学院等专业组织和专业人员，通过研讨和诊断，研究参与学习中心课程服务的学生特征，探寻提升学生艺术素养的方法。

“让每个学生过一种幸福圆满的学习生活”是上城教育努力的方向。上城区通过深入探索个性服务导向、资源保障导向、协同创新导向的长效机制，让学习中心成为推进个性化学习的有效载体，将国家意志切实转化为人民群众的获得感，让每个学生都能在高品质学习中心的活动中发现自我、成就自我。

参考文献

[1] 朱永新．走向学习中心：未来学校构想［M］．北京：中国人民大学出版社．2020.

[2] 朱永新．未来学校：重新定义教育［M］．北京：中信出版社，2019.

[3] 王莺，郑一峰．学习中心：中小学创新教育的区域实践［J］．教学月刊·中学版（教学管理）.2021（1）：9–11.

[4] 陈宇卿．区域教育走向个性化：行动与反思——以上海市静安区教育改革为例［J］．教育发展研究．2016（6）：58–62.

[5] 康丽颖．促进儿童成长：课后服务多元主体协同育人探讨［J］．中国教育学刊．2020（3）：22–26.

［6］尹后庆 . 新优质学校的价值追求和现实关照［J］. 上海教育 .2021（21）：28–29.

［7］佐藤学．学校的挑战：创建学习共同体［M］．钟启泉，译 . 上海：华东师范大学出版社，2010.

［8］郑一峰，李敏 . 区域学习中心建设的上城探索［M］. 北京：现代出版社，2022.

［9］娜仁高娃，柳海民 . 基础教育“学习场域”的构建设想与反思［J］．东北师大学报（哲学社会科学版），2010（3）：136–140.

［10］成尚荣．课程透视［M］．上海：华东师范大学出版社，2017.

［11］中华人民共和国教育部 . 义务教育课程方案（2022 年版）［M］. 北京：北京师范大学出版社，2022.

［12］王雨燕 . 网络知识社区的个性化发展研究［D］. 武汉：华中师范大学，2008.

第三章

场域：让学习不只发生在教室

人类社会的发展史也是一部空间构造的发展史，从洞穴到房屋，从森林湖泊到高楼大厦，人类构建的每一个场域都表达了人们对世界的理解与希冀。教育如此，学校如此，学习中心亦然。人一生的学习一定不只发生在教室里，本章主要从场域革命开始进行学习中心的空间建设，使家校政社共同携手，以体现时代特性、培育时代新人为目标，突破物理空间的限制，超越时间和空间的阻隔，融通校内外优质场域，建构线上线下无缝融合的学习中心，让学习处处可发生、时时可进行，为每一个学生提供适合的学习机会，促进每一个学生的健康、全面发展。

第一节
让学习处处可发生

⊙

未来学校的学习中心，应该是一个开放多元的教育体系，一个激励生长的学习场域。它不是学习的孤岛，而是彼此关联的群岛。每所学校都能充分利用特色教育资源和代表性课程，打破教室的壁垒，解除围墙的限制，从一个个独具特色的教室，到校园内每一处敞开的场所，再到校园外的广阔天地，都可以成为学生的学习中心，让学习处处可发生，让学习融入校园的一景一物和生活的一言一行中，使家校政社携手打造指向未来的学习中心。

一、场内特色空间，让学习随处发生

教室作为学生学习的主要场所，也是未来学校建立场景重构的学习中心的主体。未来学校的学习中心要充分利用教室这一物理空间的功能布局，以建构德智体美劳全面培养的课程体系为出发点，整合优质资源打造特色课程，多元开辟建设路径，打造既具有学校特质又符合教育规律和学生身心发展特点的特色教室，为每一个学生提供适合的学习机会。通过组建学习共同体等运作方式，发展素质教育，使学生有理想、有本领、有担当，把学生培育成德智体美劳全面发展的社会主义建设者和接班人。

1. 建设路径：整合优质资源打造特色课程

教室作为未来学校学习中心的主体，要多元开辟建设路径，以“三有”（即有理想、有本领、有担当）培育目标打造新型学习中心，体现时代特性，培育时代新人；以学校文化优势打造特色发展型学习中心，彰显学校文化，突显地域优势；以伟人生平成就打造纪念或体验型学习中心，发掘伟人精神，激励学生成长；以骨干教师特长打造特色课程学习中心，发挥骨干教师作用，不断推进课程改革，为未来学校建立场景重构的学习中心提供无限可能（见图 3-1-1）。

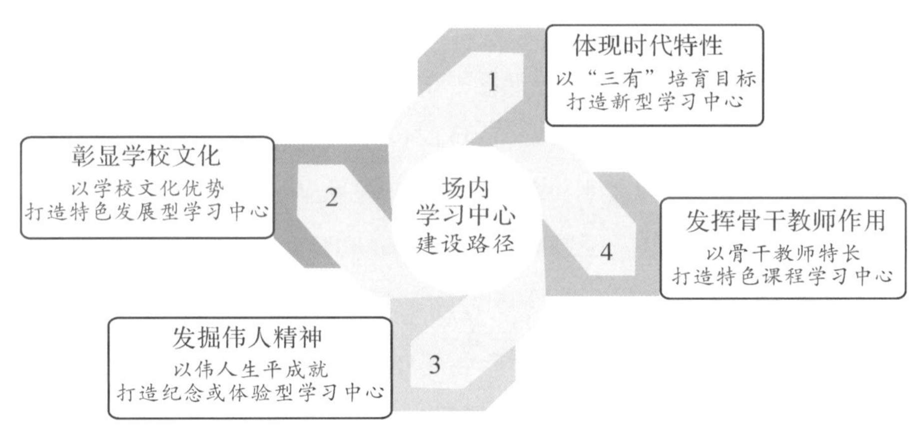

图 3-1-1　场内学习中心建设路径

（1）体现时代特性，培育时代新人的学习中心。《义务教育课程方案（2022年版）》明确指出，要以习近平新时代中国特色社会主义思想为指导，全面贯彻党的教育方针，遵循教育教学规律，落实立德树人根本任务。也提出要反映时代特征，努力构建具有中国特色、世界水准的义务教育课程体系。学习中心的建设要努力体现时代特性，以培育时代新人为目标，打造红色队室、法制教育等学习中心，使学生“有理想”；打造文化体验、创意智造等学习中心，使学生“有本领”；打造新劳动实践、生涯探索等学习中心，使学生“有担当”。

（2）彰显学校文化，突显地域优势的学习中心。学校文化是学校在长期发展过程中物质和非物质事物互相影响而形成的独有文化。学习中心的建设要使学校的文化精髓得以传承，使学校的人文精神得以延续，使学校的地域优势得以发扬。老校可基于历史底蕴，依托地域文化，打造传统文化类学习中心；新校可依托先进办学理念，指向育人目标，打造独具学校特质的学习中心。

（3）发掘伟人精神，指向学生未来的学习中心。学生的成长需要榜样的力量和梦想的激励。学习中心的建设可以围绕古今中外的伟大人物来架构，结合他们为人类发展做出的贡献设计适合学生学习的活动场所，以此激励学生的未来发展。培养出知名校友或伟人曾任教的学校，均可建设相应的纪念或体验场所，让学生学习其生平事迹，感受其伟大精神，体验其卓越贡献，以树立伟大志向，展现个性才华，不懈追求理想。

（4）发挥骨干作用，打造特色课程的学习中心。学校发展的关键在于教师，骨干教师的作用更是至关重要。学习中心的建设可充分发挥骨干教师的作用，让其引领教师团队，开发校本特色课程，打造课程学习中心。不同学科的骨干教师，均可以根据自身某一领域的兴趣特长或研究专长，或对学校某一个教室进行改造，或开辟一个全新的学习中心，为学生提供更多自主选择的学习机会，释放学生天性，发展学生个性。

2. 场域范例：让每一个学生健康、全面发展

上述四条建设路径，并非是单一的、割裂的，而是可以相互交融、共同发生的，它们旨在建构德智体美劳全面培养的课程体系，促进学生健康、全面发展。其所建构的学习中心可依据课程内容分为科学创造、人文艺术和社会实践三大类，培育学生的必备品格和关键能力。

（1）科学创造类。

未来格林科技活动学习中心位于杭州师范大学附属丁兰实验学校，学校以

打造“未来”科技感为主旨，以“green—低碳”为大概念，在学校的弘毅楼五楼打造科普馆和创意工作坊。学习中心引入 VR 视像体验、3D 打印机、能量转换装置等相关设施，充分调动学生的视觉、听觉等感官与大脑，直观、立体地向学生展示科技知识，学生通过在学习中心中动手实践将学科知识“立体化”“再现化”。学习中心系统梳理与场馆设施相关的基础性学科方面的教学内容，并根据学生身心发展特点，初步构建了“未来—green”活动课程体系（见表 3-1-1），让学生通过学习活动将“green—低碳”入眼、入脑、入心。

表 3-1-1　未来—green 科技活动课程清单

序号	活动主题	活动内容
1	科技展品——日、地、月三球仪	月相变化
		日食和月食
		为什么一年有四季
2	科技壁挂体验——风能 科技壁挂体验——光能 科技壁挂体验——太阳能 绿色能源实验箱 科技展品——绿色能源	电能从哪里来
		电能和能量
		能量与太阳
3	宇宙科学试验箱	在星空中（一）
		在星空中（二）
4	科技展品——磁悬浮科技应用原理 科技壁挂体验——磁悬浮车（和谐号）	磁铁的两极
		电磁铁
5	校园微型气象站	温度与气温
		风速和风向
		降水量的测定
6	垃圾分类与再生能源知识展示	分类和回收利用

钱学森纪念馆学习中心位于杭州市钱学森学校学森科技楼，建筑面积为 2000 平方米，共 2 层，分家园、筑梦、育人和功勋四个主题。学校于 2021 年 9 月正式开办，由钱学森之子钱永刚教授以及钱学森姓名冠名和肖像使用权管

理委员会授权命名。学习中心内有多件钱学森先生生前用过的珍贵物品，有大量的珍贵图片资料，还有导弹模型、宇宙星空模拟展示区等。学校整合科学课程，让学生了解航空航天的基础知识；基于思政课程，了解钱学森先生生平，开发红领巾梦工厂等小课程群，全方位、多角度感受科学家的爱国情怀和不懈奋斗的精神。同时，作为一个智慧化体验中心，学习中心创造性地开设小讲解员社团、小科学家社团、文创设计社团等，设计多个项目供学生探索研究；结合全国航天日、世界读书日，开展科学家、文学家进校园等活动，形成基于钱学森纪念馆的活动特色，让学生更近距离地走近科学、增强科技报国的意识，发挥学习中心强大的教育意义。

（2）人文艺术类。

胜利山南传统文化学习中心位于杭州市胜利山南小学，地处南星街道。南星街道背倚古皇城，坐观钱江潮，自然资源丰富，拥有江、河、山等资源，西湖、钱塘江、运河一脉贯通；地域历史文化底蕴深厚，其所处位置原是吴越国、南宋的皇城，是当时的政治、经济、文化中心，现拥有 9 处国家级文物保护单位和多个爱国主义教育基地。立足街道优质文化资源，胜利山南小学建设了占地面积为 1500 平方米的传统文化学习中心，让学生在博物观览和体验互动中沉浸式感受中华优秀传统文化，帮助学生树立文化自信与民族自信（见图 3-1-2）。

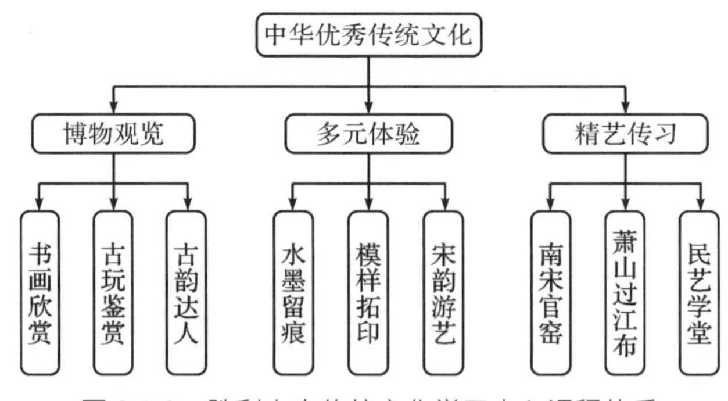

图 3-1-2　胜利山南传统文化学习中心课程体系

链接 3-1-1
“新丝路”蚕桑文化学习中心介绍

“新丝路”蚕桑文化学习中心（见链接 3-1-1）位于杭州师范大学东城实验学校，遵循“以人为本”“以学为主”的原则，依据“新丝路”蚕桑文化课程理念创建，分一桑一情、一蚕一生、一丝一桥、“一带一路”四大主题区域，具有学习体验、教学研讨、成果展示与资源存储四大功能，既是课程展示中心，也是课程体验中心，还是课程实践基地。学习中心的创建推动了“新丝路”蚕桑文化课程的开发和研究，该课程被评为杭州市义务教育精品课程；逐步扩大了社会影响，学校陆续邀请杭州丝绸文化的“非遗”传承人等讲授相关知识；点燃了师生的参与热情，教师开发和实施校本课程的积极性更高，学生热爱家乡、建设家乡的意识被唤醒，动手实践、发现探究、合作学习等综合素养得到提升。

（3）社会实践类。

呦呦·中医药文化研学中心位于杭州市丁兰第二小学，学校基于中华传统文化的传承，在校园南面打造了一个占地 1100 平方米的自然生态园“呦呦园”，内部区块按照蔬果、中草药等进行划分，将生态园延伸至教学楼前，成为教室之外的又一个学习空间，让学生在课间也能零距离接触、观察自然，随时接触到一些鲜活的内容，成为学生综合实践的基地。例如，夏天时有蚯蚓从教学楼前的泥土里爬出来，学生会自发地观察，在观察中不断思考，并与同学交流发现与收获。同时，“呦呦园”里还种植了薄荷、金桔、佛手、石斛、金银花、迷迭香等中草药草本植物，美术课上，老师带同学们到这里写生，学生画的佛手、金银花、迷迭香等植物栩栩如生。劳动课上，学生把园里的植物做成书签，制成标本等。学校陆续规划其他区块，挖一个小水塘，在里面种一些水生植物、养一些水生动物，如水葫芦、菱角、鱼等，让园内形成一个完整的生态链，拓展了实践基地，让学生与自然亲密接触，进行“花式劳动”，思考生态环境的可持续发展，培养更为开放的思想观念。

钱塘青少年法治学习体验中心位于杭州市澎博小学，占地面积为 600 平方米，设有知法厅、学法厅、用法厅、辩法厅、悟法厅、宣法厅六大展厅，配有液晶屏幕、双人互动游戏机、职业换装摄影体验机等体验式设备。围绕“乐行少年”课程的五大素养建构法治学习中心，从人文、实践、健康、科学和哲学等方面，设计一系列课程，以法治体验为核心载体，组成“钱塘法治”课程群（见图 3-1-3），构建“1+N”青少年法治学习体验新格局。学生可在法治宣传区了解相关法律知识，在互动游戏区体验场景模拟，在模拟法庭区感受法庭氛围，在手工制作区制作法治文创作品。其中，钱江少年模拟法庭课程通过案例搜集调研、思辨实践等方式，让学生们在互动体验中学会如何行使自身合法权利，保护自己，预防犯罪，争做法治小主人，主动承担社会责任，彰显使命担当。

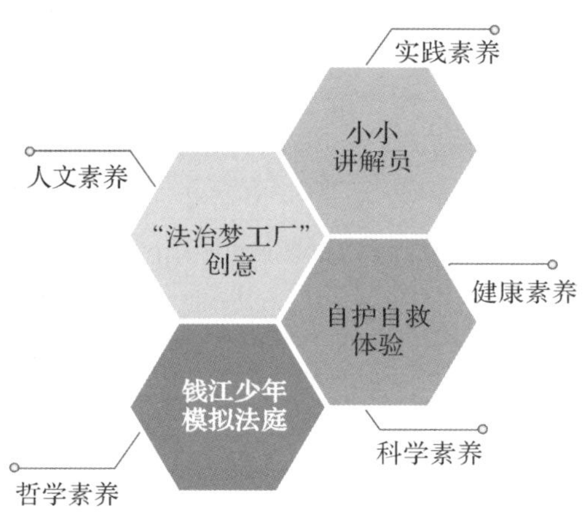

图 3-1-3　“钱塘法治”课程群图谱

二、室外开放场域，让学习自由发生

知识的学习和能力的发展不是一蹴而就的，需要一定的过程来习得，需要不同时空的历练。教室外开放场域的学习中心建设，可以弥补教室内场馆的空间局限与交互阻隔，全面融入学校办学理念和育人愿景，让校园的每一面墙、每一处景都能发挥育人功效，让校园的每一片空地、每一条走廊都能充满学习元素，为每一位学生提供适合的学习机会。

1. 建设路径：利用开放空间彰显办学特色

未来学校的学习应该是随时随处都可以发生、融入学生每一天完整的校园生活之中的。教室外开放场域建设的学习中心，要打破校园用房的惯性思维，努力实现多功能复合。可以利用校园零散的架空层、走廊、屋顶等闲置空间，实现校园学习无死角；可以提升原有场域的品质，让其更具吸引力，进一步发挥教育的功效，突显学校的特色文化，优化实践活动场地的学习模式和建设路径，促进学教方式的变革，助力学生的未来发展（见图 3-1-4）。

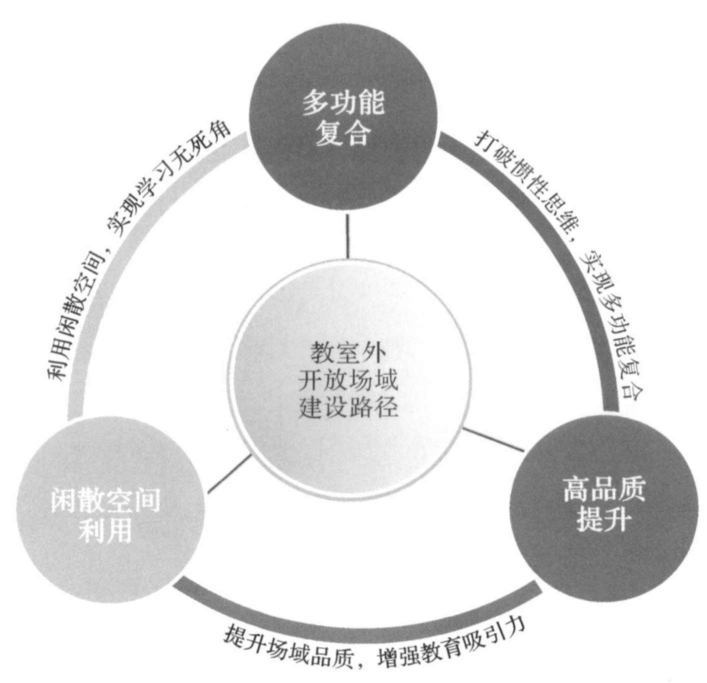

图 3-1-4　教室外开放场域建设路径

（1）打破惯性思维，学习中心实现多功能复合。义务教育标准化学校的建设，对于校园教学及教学辅助用房、办公用房、生活服务用房等方面都有明确的要求。未来学校学习中心的打造，要尝试打破校园物理空间架构和功能使用的惯性思维，实现多功能复合。例如，学生餐厅可以基于其特有的餐饮元素，建设成膳食营养、巧手烹饪等学习中心；学校图书馆可以发挥其藏书丰富、面积较大等优势，打造为文化艺术、国际理解等学习中心……这样，餐厅不只用于就餐，图书馆不只用于阅读，让学生们每天熟悉的场域都充满学习的惊喜和探究的乐趣。

（2）利用闲散空间，学习中心实现学习无死角。未来学校的每一平方米都应发挥其最大的教育功效，学校要充分利用架空层、走廊、屋顶等分散于校园各处的闲置空间，结合学校的特色理念和特色课程，开发融会贯通、寓教于乐的学习中心。例如，将层间距较高的架空层，开辟为击剑、乒乓球等特色课程体验中心；将四通八达的学校长廊，设计成开放的项目式学习中心；将阳光充足的屋顶，建设成融合现代科技元素的农场……这样，让原本与学习无关的空间都能为学习所用，让校园实现无学习死角，让学生在校园里随时随处都能体悟学习的快乐，汲取成长的力量。

（3）提升场域品质，学习中心增强教育吸引力。学习中心的建设，还可对学校原有的学习场域进行提升与改造，以更好地吸引学生参与学习、锻炼，使其教育功能最大化。例如，利用操场等现有活动空间，结合学校的特色课程和培育目标，基于学生的年龄特征和兴趣爱好进行再设计，在不破坏原有功能的基础上，利用墙面、地面设计攀岩、跳房子等趣味运动项目，以吸引学生走出教室，走向运动场，参加体育活动，强身健体，养成良好的运动习惯。

2. 场域范例：为每一位学生提供适合的学习机会

基于上述三种建设路径，教室外开放场域的学习中心依据其原物理空间的使用功能，可分为多功能复合型、闲散空间利用型和高品质提升型三大类，可实现校园空间无学习死角。学生们走出教室，漫步校园，随时随处都可以学习，都能在趣味盎然中找到适合自己的学习空间，使学生释放自然天性，激励学生自由成长。

（1）多功能复合型。

“花园餐厅”学习中心位于杭州市笕桥花园小学，以一室多用、复合构筑的理念，以开放性、多功能性和情景性为原则，重构了学校餐厅空间，使其成为学校空间建设的典范。学校在餐厅满足教职工用餐的同时，又对其空间进行区块划分，设置了就餐区、学习区、母婴室、党员活动室等区域，同时兼具会议活动功能，不同时段满足不同需要。整个空间以工业风为主题，简洁明快、错落有致地组合摆放着大小不一、形状各异的原木色桌椅。内部配备电子白板、电视机、主题台和阅读书柜，还特别设置了校长推荐书目专栏，营造了轻松的学习氛围。空间建成以来，基于餐厅的独特优势与桌椅的巧妙设计，功能大大增强，使用率也明显提高，可以随时按需组织 10—60 人的学习研讨活动，具有学校特色的厨艺、阅读、茶艺、插花等课程都可以在此开设，成为工会活动、教研活动、小型会议的主要场所，成为教师的学习中心，更成为区域空间建设的样板。

“三欢书屋”学习中心位于杭州师范大学东城小学，该中心将设施设备陈旧的图书馆改造建成教育设备与文化底蕴完美结合的多功能区域。“三欢”指欢心、欢情、欢趣。学习中心在童心同梦、童阅同悦、童话同画、童星同绎、童领同行的系列课程活动中，培育善良、健康、聪慧、坚毅的东小学子。童心 · 同梦观影区，为学校红色思政学习阵地，可容纳 50 余人，配有交互式大屏幕，收藏有百余本连环画、50 余部经典红色思政影片等，供师生观看学习。童阅 · 同悦阅读区，每天向师生开放，配备各类书籍 6 万余册，实行数字化管理，设有朗读亭和水墨屏设备，让阅读变得更有意义。童话 · 同画绘本区，配备大量精美的绘本书籍，提供美术创作所需的颜料等工具，学生可根据喜好在两面绘画墙上涂鸦，感受绘本的魅力。童星 · 同绎三欢剧场，是设备齐全且能容纳 100 余人的小剧场，配备一整套录播系统以及音响、灯光、钢琴等，是歌舞等节目展演和班级活动的必选之地。童领 · 同行红领巾学院，是学校思政启蒙的重要阵地，有可供阅览的《辅导员》《班主任》等报刊 30 余种，周一到周五中午开放，每周开设红领巾学院课程，定期开展党团队知识竞赛及宣讲，拓展少先队员活动阵地，成为助推队员成长的大舞台。

（2）闲散空间利用型。

“创芯工程师”学习中心位于杭州市东城第二实验学校，根据学校设计理念，以集约性、开放性、成长性为原则，选择原有活字印刷术、古代科技墙两个景观花园周边的 800 多平方米的架空层，设计并建成一厅两园三廊五中心的半开放式学习中心。一厅是科创大厅，位于学校行政楼架空层东面，由 3 个非正式学习空间小屋和一个面积在 200 平方米左右的大厅组成。两园是两个科普景观园，一个是活字印刷主题景观园，另一个是古代科技园，展示了我国古代数学、天文等方面的成就。三廊是初中部教学楼架空层的三条走廊。五中心是由中学部教学楼架空层改建而成的创意设计与建构中心、电路设计与编程中心、机电一体化应用中心、3D 建模与打印中心、创客中心。科创大厅、科普景观园、走廊是各个学习中心的延伸，拓展教室原有空间，灵活适应不同规模的教学，满足学生多种学习方式的需求。学习中心与周围空间的共享融合，决定了它的复合性与延展性。根据不同需要，科创大厅、科普景观园、走廊可以变身为开放阅读书吧、科普主题展厅、创客路演小剧场、汽车模型比赛的赛道……整个科创学习中心有丰富的课程支撑，是一个集成式科创基地，提高了设备和课程资源的利用率。

“红树林”学习中心位于杭州市丁蕙第二小学，是一个综合性的儿童文学学习场所。从一楼到三楼，学校把闲置的教室、廊道等空间充分利用起来，将文学馆的正门和墙都布置成了红树林的模样，一个立体的阅读空间就这样搭建而成。打开文学馆大门，就仿佛走进了一本书中，里面摆放着各位文学大师的作品以及交通、航空、历史、语言等各类书籍。文学馆内设有儿童文学作品展览馆、读书沙龙分享中心、智慧儿童文学阅读馆、儿童伴读分享中心等各个主题空间。另外，学校还专门开设了“蕙伢儿红色书坊”，作为红色文化空间的一部分，与阅读活动相结合，呈现学校红色阅读主题活动成果；打造了智慧儿童文学阅读馆，利用护眼数字图书阅读器，在不改变纸质阅读习惯的基础上，保护儿童视力，让儿童充分享受畅游书海的便捷护眼阅读体验。儿童在阅读之余，可以选择 VR、视频、全息影像及图文内容等方式了解感兴趣的国内外儿童文学家的生平、贡献、作品。红树林学习中心还添置了借阅机，结合新购设备整合架构，以实现相应的资源管理和阅读评价。以各类儿童文学的电子资源的“共享、共建、整合、互动、标准化、个性化”为核心，把各项孤立的服务通过互联网连接起来，建成一个具有书籍处理能力、管理能力和优选机能的智慧服务系统。无论是专属场馆，还是随处可见的廊道、墙壁，都富有设计的魅力，以多元、集成、灵活、复合的功能，自然划分出合作式学习区、开放区、活动区、沙龙区、阅览区等各种灵活的空间，给予儿童奇妙的、别出心裁的空间体验，营造出浓厚的学习氛围，促进儿童适性发展。

（3）高品质提升型。

“童真体育”学习中心位于杭州天杭教育集团桂苑校区，学校铺设有平坦的塑胶地垫，搭配明亮、健康、温暖的色调，创设利于学生身体锻炼和交流协作的环境。学习中心以小篮球文化为主，将原有的成人标准篮球场，改建为 4VS4 的小篮球场，将原有围墙改建为攀爬区域，将攀爬区域一侧的沙坑改建为“梅花桩”，还在地面设置了学生可自主设计游戏的区域。这样的提升改造，能够保证篮球场的个性化配置，突出低年龄段小篮球特色课程，使整个场地色彩鲜明、平坦开阔，深受低年龄段学生喜爱。另外，配套建立一个综合活动区域，以满足学生进行集体活动和游戏的需要，如足球和篮球的双球大挑战、飞夺“梅花桩”、攀岩小勇士、跳格子、“毽”步如飞、“金鸡独立”等。运动游戏挑战还可以让学生在游戏的氛围中进行感统训练，充分让低年龄段学生运动起来，让他们快乐运动，健康成长。

“澎雅小剧场”学习中心位于杭州市澎雅小学，建筑面积为 300 多平方米，配有专业灯光、LED 电子屏、音响设备，观众席可容纳 300 多名学生。学校优化场室的功能性，统筹配置学校的教育资源，利用项目化学习、游戏化学习等多种学教方式，以戏剧表演为载体，打破语文、音乐、英语等多个学科的壁垒，促进学生身心健康成长，培养他们的想象力和创造力。同时，小剧场内还为学生创设了一个戏剧体验的学习空间，满足学生项目合作、自由讨论、成果展示等个性化学习的需要。另外，学校还引入了“演唱亭”和“朗读亭”两大智能化设备，用于学生自主练习戏剧技能和朗读技巧，丰富了学生的校园生活。学习中心的成立由校领导牵头，学科教师、艺术教师和校外戏剧专家等群体组成教师团队，采用课堂授课、表演指导等方式，引导学生理解戏剧内容，并设立了专业的戏剧培训团体——雅艺戏剧社。结合新课标中戏剧（含戏曲）学科课程内容，并依据不同年级学生的学习特点制订针对性的学习任务与主题（见表3-1-2），让每个学生都敢想敢说，成为人生的主角。

表 3-1-2　澎雅小剧场戏剧课程内容

对象	学习内容	主题	学习方式	展示平台
一、二年级	模拟表演	假如我是……	游戏	年级戏剧会演、校戏剧节、校学科节
三至六年级	课本剧表演	传统文化	项目式学习	
戏剧社团	戏剧表演	不限定	模仿、创作	

三、校园外的广阔天地，让学习融入生活

从教育发展的历史来看，家庭、学校和其他社会教育机构，在不同的历史阶段分别扮演了不同的角色，以不同的方式共同推进了教育的发展。学校不能包揽教育的全部内容，教育资源必须更加开放多元，学习活动发生的场所也不应局限在学校。未来，学校、家庭和社区在一定意义上都是不同的学习空间和不同的学习中心。教育本身就是生活，三者的合作将会激发家校社合作共育的“磁场效应”，让教育成为促进美好生活的一种手段。

1. 建设路径：家校社协同增进育人成效

未来学校应是没有围墙的学习空间，甚至是虚拟的网络空间，它可以发生在家庭、社区、展览厅、博物馆……家、校、社三者共同对学生的教育和发展产生叠加影响，它们各有职能，但彼此又密切相关。学习中心要努力实现与家庭共育、与社区共建、与场馆共享，为学生呈现真实而生机勃勃的生活，让学习成为一种生活方式（见图 3-1-5）。

（1）与家庭共育，学习中心不拘于形式。家庭不仅是亲缘关系的社会单元，还应该是学生的课余学校与成长乐园。学校可以引导家长根据学生的兴趣爱

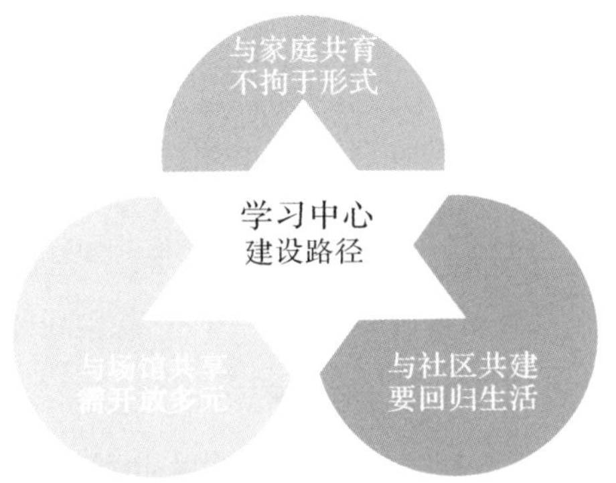

图 3-1-5　学习中心建设路径

好或特长，或结合学校的教育教学主题内容，利用家庭生活空间，为学生搭建一个不计物理空间大小却能让学生自主探索实践的学习中心。家长在家中除了放置一张让学生完成作业的书桌外，还可以开辟一面涂鸦墙，或摆上一张拼搭桌，或搭起一个小帐篷，或铺设一个小舞台，这些都可以成为学生的成长乐园，让他们在活动中释放个性与才华，激励他们追求梦想。

（2）与社区共建，学习中心要回归生活。社区不仅是区域生活的共同空间，还应该是学生的第二课堂和实践基地。学校要加强与社区的共建，让其成为重要的合作伙伴，成为家校合作的重要空间和文化环境，让学生的学习回归生活。学校可以利用“社区书房”“幸福邻里坊”等社区空间开辟学习中心，引领社区工作人员在节假日为学生设计社会实践活动，开辟丰富多彩的锻炼平台，努力让学生的学习生活与社会生活相互融合，助力学生茁壮成长为新时代的接班人，成为合格的社会公民。

（3）与场馆共享，学习中心需开放多元。图书馆、博物馆、科技馆、电影院、剧院、青少年活动中心等，都是好的教育资源，都对学生的成长起着重要的作用，也都可以成为学生的学习中心。学校要充分利用地域文化资源，开辟与优质场馆的共享通道，开展生动有趣的共建学习实践活动。如果学校周边有步行可达的青少年活动中心、体育公园等有较大活动空间的场馆，学校可与之建立长期的、相对稳定的合作，为学生开辟更为先进且专业的研学空间，以形成理想的、立体化的“大教育”状态。

2. 场域范例：让学习成为一种生活方式

基于良好的家校社协同育人机制，依托上述三种建设路径，让学习从教室走向校园的各个角落，再走向校外生活的每一个真实场景，使学习成为一种生活方式。教育本身就是生活，教育是生活的方式，也是行动的方式。下述的具体范例是家长和社区工作者等对学习即生活的生动诠释与创意建构，值得每一位教师和家长学习、思考与效仿。

（1）家庭共育型。

乐淘家庭学习中心以养育宠物为主题，比如在芦丁鸡孵化实验中，学生经过 21 天的观察与学习，在家长的陪伴下了解蛋的结构和孵化过程，在芦丁鸡孵化成功后，每日精心喂养，悉心照顾小鸡成长；小鸡长大后，学生每天享受着捡蛋的快乐，感受生命的奇迹。这样的家庭学习中心，融入学生的日常生活，唤醒学生对生命的自觉，让学生明白每一个生命都值得去呵护，自己所做的每一件小事都能积淀为成长的力量。

（2）社区共建型。

欣荷红领巾学习中心位于杭州市四季青街道五福社区，是由杭州市采荷第一小学教育集团与五福社区共同建设完成的。该学习中心依托学校“欣荷红领巾学院”，整合社区空间与学校空间、物理空间与虚拟空间，全方位、全过程强化学校欣荷队员的政治启蒙和价值观塑造。学习中心围绕“红色印记”“幼小衔接”“劳动教育”“亲子教育”等热点话题，以“大小共学 · 育儿育己 · 悦心成长”为理念，探索教育新样态，构建一站式亲子教育平台，培养德智体美劳全面发展的欣荷队员。

（3）场馆共享型。

汀语博物学习中心位于杭州博物馆，是杭州市丁兰第三小学与杭州博物馆合力打造的，博物馆成为学校的“小志愿者基地”，学校则成为杭州博物馆“青少年文物守护人培养基地”。校长石红艳被聘任为“杭州博物馆德育副馆长”，

链接 3-1-2
丁兰三小“杭小兰”介绍

学校的教师们成为杭州博物馆志愿者，与杭州博物馆共同开发“杭小兰”小讲解员课程（见链接 3-1-2）。杭州博物馆社教老师走进校园，组建小讲解员社团，开展专业培训。其间，“杭小兰”小讲解员们多次走进杭州博物馆，参与“唐诗之路”活动录制，开展实践考核等，脱颖而出的学生们成为首批“杭小兰”小讲解员，承担了杭州博物馆多次外宣讲解工作，展示了上城区优秀学子大方优雅的形象。学校和杭州博物馆共同开发、建构以“汀语博物”为主题的校本课程，由杭州博物馆专家组做专业指导，学校教师自主开发综合实践活动课程与“琢玉成器”“刀光剑影”“陶里陶器”“舌尖上的宋朝”“熠熠家国情”等系列课程。学生们以项目式学习为抓手，通过主题学习、博物馆实地考察、设计创作、展示评价等学习方式开展学习。学校通过与杭州博物馆的合作共享，形成了独具学校特色的课程开发与实施路径，让课程透镜折射出文化的光彩，让文化积淀深厚的社会场馆丰盈学生的生活与未来。

指向未来的学习中心的场域建设不是一日之功，亦不是一人可成。它需要学校、家庭、社会齐心协力，打破教室与周边环境的边界，打破学科与生活的边界，打破学习与实践、体验的边界，打破教师与学生的边界，让学生进行无边界学习，实现立体生长，让学校焕发无限生机，让学生的未来充满无限可能。

第二节 让学习时时可进行

随着信息技术的发展，以互联网为基础的网络空间成为学习中心的重要组成部分。具体而言，就是需要建立区域学习中心网络空间，它能基于课程需要，开发微课、微课程等形式的数字教学资源，还能组织学生参与在线学习或混合式学习，充分满足学生个性化学习的要求。2022 年 2 月新冠疫情防控期间，上城区开展“停课不停学、停课不停教”在线教学实践，利用网络直播、视频点播等技术设计学习活动，进一步加速了区域学习中心网络空间的建设。学习中心的网络空间主要包括线上学习平台、网络知识社区和数字学习资源，这三方面构成了学习中心的虚拟空间，与学校空间呼应，并进一步构成无缝融合的学习空间，使学习者能够随时安全、高效地开展正式与非正式学习。

一、构建时时可学的网络平台，提升时时学习能力

网络时代的教育，可充分利用互联网拓展学习的场域，把学习的场所由教室延伸到云端。学生不仅可以在教室中与老师开展面对面的实时互动，还可以

通过网络课程平台开展自主学习。

网络学习空间的构建，消除了传统教育中以标准化流程开展教学的弊端，满足了学生多元化、差异化的学习需求。学习中心构建分层、分类的网络课程体系，支持学生开展走班选课，为学生提供个性化的学习路径。网络课程以学生的经验和知识水平为基础，打破学科的固有界限，以真实性问题为驱动，通过多种形式的课程资源支持学生个性化发展。网络课程根据不同的学习主题，突破每节课 40 分钟的固定时长，灵活设置长短课、大小课，形成以主动学习、探索、体验、创作为特征的新型学习方式。

上城区建设的区域网络学习平台分为教师操作平台和学生操作平台，在平台上不仅支持学习中心的教师发布学习任务，分享数字教学资源，同时也支持学生发布个人作品，包括写作练习、学科成果、发明创造等，还可开展在线讨论等活动（见图 3-2-1）。

区域学习中心为解决走校选课的困难，架设了网络同步课程平台，教师可在课程平台上开设课程，发起报名，学生报名后形成互联网班级，以此实现走校选课流程化，方便各校之间的资源流通。教师组织线上视频教学、组织在线练习活动、发布课程资源、组织同伴互评、组织在线讨论（见图 3-2-2）。如科学探究中心开发的“玩转科学”周末网络亲子实验课程，以系列趣味实验为主要内容，指导学生与家长以亲子合作的方式共同进行科学探究。学生参与课程的过程中，积累的丰富学习数据，最终可通过学习中心汇总，成为教师调整教学活动和开展学习评价的依据。

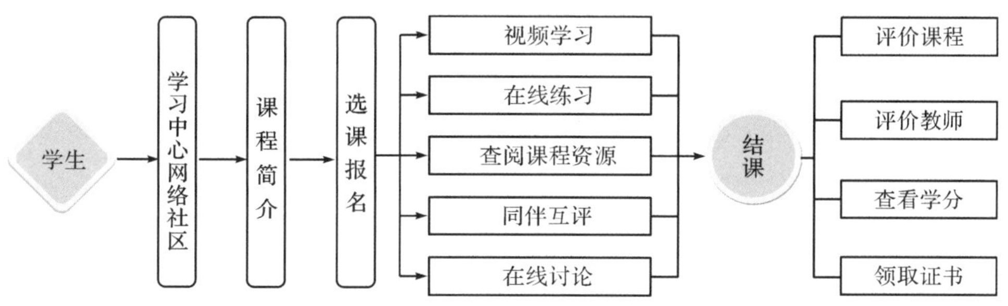

图 3-2-1　学习中心网络课程平台操作流程（学生）

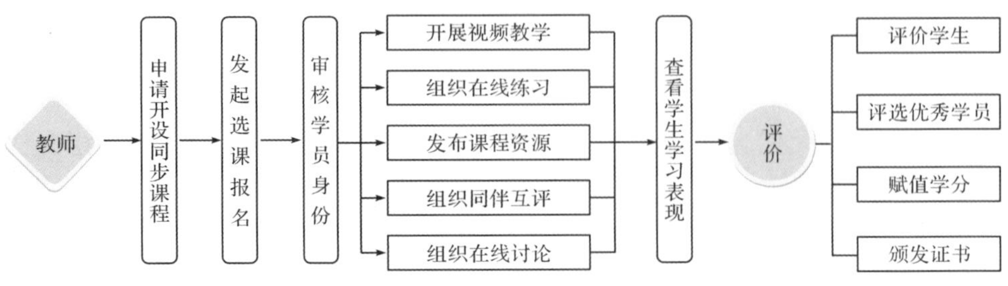

图 3-2-2 学习中心网络课程平台操作流程（教师）

网络空间以及其承载的数字教育资源，为学习中心实施课程提供了更多选择。教育资源得到丰富后，也让学习方式有了更多的选择。学生根据个人喜好、能力水平等挑选线上课程，摆脱了“全班齐步走”的统一教学步骤。基于网络空间支持的学习活动更加灵活，在推进学习个性化、教学差异化的同时，也保证了学习中心覆盖更多的学生，促进了区域教育资源的均衡。实践证明，区域学习中心网络空间的建设，为打造区域创新教育特色生态圈提供了新的样态。对学生来说，网络空间为他们提供了更多的表达机会，不仅可以在课堂上举手发言，表达自己的想法，还可以课下继续在平台上发布自己的想法。在无处不在的学习场中，学生能更加多样化、多渠道地表达自己的想法，也能不受时空制约地进行小组讨论，更充分地利用好信息资源，更进一步地进行思想的碰撞交流。与此同时，教师能更便捷地了解学习场内每位学生的具体状况，能够深入地践行个性化教学的教育思想，帮助更多的学生。

案例 3-2-1 “上教云·研修网”

“上教云·研修网”是“浙江教育资源公共服务平台”在上城区对部分功能板块进行的本地化部署，针对师生实际需求，实现资源的动态整合、共建共享与优化配置，形成与各学科教材相配套的、动态更新的教育资源服务体系，解决本地区教育资源服务体系建构等问题。

“研修网”在整体功能架构上根据应用领域不同，可分成“在线研训”“学习助手”“知识管理”“资源检索”四大板块。

“在线研训”板块主要面向在职教师，包含“名师工作室”功能模块，主要提供教研活动、网上评课、学科资源、名师课堂、课题研究等服务。“学习助手”板块主要面向学生，包含“同步课程”和“教学应用”两个功能模块。“同步课程”是面向全体学生的在线学习平台，提供教师开展网络同步课程，学生可根据自己的兴趣自主报名参与课程学习；“教学应用”主要为教师的课堂教学提供相关服务，根据教材精准推送资源，利用课堂教学工具如移动讲台、互动答题等，提升学生的学习兴趣，活跃课堂氛围。“知识管理”板块包含“学校空间”“班级空间”和“个人空间”三种类型，三种空间相互关联，可互相跳转。“资源检索”板块面向全体用户提供各级、各类教育资源的检索与访问服务。

未来，以优质教育资源建设与应用为导向，在使用“研修网”开展教育教学活动的过程中生成累积各种资源，将逐步成为具有上城特色的优质教育资源服务体系。

（上城区教育学院）

“研修网”的搭建，充分利用了网络平台快捷、大容量的特点，为师生提供了丰富的教与学的资源，使教与学不再受地点时间的限制，随时随地，只要有网络，就可以开展学习。

二、搭建网络知识社区，拓宽学习领域

知识社区是以某类知识作为联系共同体，利用互联网建立的以知识交流和共享为目的的社区，即网络知识社区。网络知识社区像是现实社区的网络缩影，不同在于，它是在现代信息技术的支持下，以知识的创造和传播为目标，将现实的载体和虚拟的联系相结合，具有空前灵活性和创造力的一种新型的、科学的社区。本着“开放、共创、共享”的原则，依托互联网技术构建学习中心的网络社区，能

促进各个学习中心实践性知识的分享。在学习中心前期建设与实施过程中，上城区也遇到过诸多课程设计、空间建设、师资培训等方面的现实问题，并提出了有效的解决方案。为了从区域层面更好地服务与支持学习中心的建设，上城区所构建的区域学习中心设立了网络社区（见图 3-2-3），用于加强各学习中心之间的交流与合作，促进优质资源的共建共享。区域内各学校可以通过各区域学习中心把自己的课程资料、教学案例、学生作品等信息资源发布在网络社区中，也可以查阅其他各学校自建的学习子中心的相关资源，由此形成一个基于网络的区域学习共同体。

图 3-2-3　上城新型学习中心网络社区

1. 增强社区文化氛围

在学习中心的网络社区中，每个成员都是学习中心建设的参与者，他们在实践中沉淀了大量的教学案例、课程设计、学生作品、教学经验等（见图 3-2-4）。教师把这些资源以文本、音频、视频、图片等媒体形式上传至学习中心网络社区，形成区域共享的数字资源。从资源建设的生成性上看，教育管理部门定期组织课程建设、案例评比、教师培训等教研活动，这些活动也会产生大量数字资源，学习中心在区域层面建立资源建设与更新的机制，从而保障网络社区的资源持续更新、源源不断。

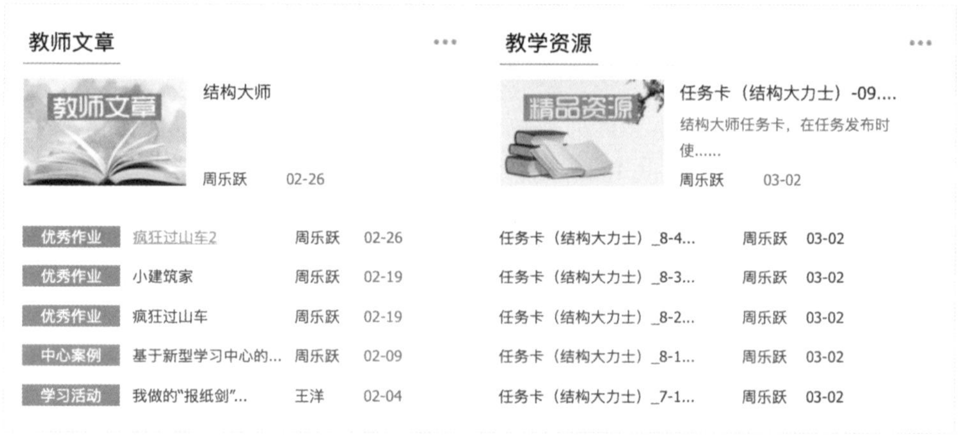

图 3-2-4 学习中心网络社区分享的优质资源

2. 强化多元主体参与互动

资源共建的多元主体性是指广泛集合多方力量，包括学习中心的教师、学生、区域教学专家、教研部门甚至是家长，以此实现网络社区资源共建，形成区域资源建设共同体。多元主体参与强调多元合作，同时也突出个体的价值。实践证明，多元主体的共建、共享有利于区域教育资源的发展。例如，教师把教学中的典型案例、教学设计等材料分享和展示在网络社区中，引发其他教师讨论。

教师可以在他人的教学资源的基础上进行二次开发，丰富和完善自己的课程设计或教学实践。同时，将学生的优秀作品和典型范例，以图片或视频的形式展示在网络社区中，这也是对学生的认可与鼓励，也可以在学生群体中起到表率和示范作用。区域教学专家分享项目化学习、基于问题学习等教学改革的知识经验，同时也评论教师和学生分享的资源，引导网络社区的正向讨论，组织有深度的网络交流活动。教研部门组织学习中心精品课程建设、优秀案例征集评比活动，并把优秀成果公布在网络社区中，供其他教师与学生参考学习。

案例 3-2-2 利用在线平台优化“创新研究室”课程实施

杭州市崇文实验学校建设“小学生数学与科学创新研究中心”，支持学生开展创新研究与学术研究。学生通过自主探究、合作学习和导师个别指导，最终完成研究小论文的撰写，其内容涉及数学、科学及信息等多个领域。为了解决师资有限的问题，学习中心开设了“创新研究室”在线课程（见链接 3-2-1），公开向全区小学招募学员，搭建学习共同体，组织线上学习活动。学生通过在线课程学习数学小论文的撰写流程，为开展个性化的数学研究打好基础。自“创新研究室”成立以来，有 19 篇小论文在省、市、区级的创新征文比赛中获奖，有 19 篇小论文在《小学生学习报》发表，58 位学生以全校演讲的方式发表成果。

链接 3-2-1 “创新研究室”课程实施

（杭州市崇文实验学校）

三、建设大规模在线课程，让区域内所有学生享受网课的便利

在传统教育中，学生的学习虽然也有对网络学习资源的运用，如学习互联网中的微课视频，但是运用的范围较小，只是对课堂活动的一种补充，学习的

主要形式依然是以教师为中心的讲授式教学。在学习中心的建设中，设计者将网络平台构成的虚拟空间转变为学习空间的重要组成部分，这也是未来学习的重要特征。

1. 开发精品数字资源

教育资源指自有教育活动，还包括有教育历史以来，在长期的文明进化和教育实践中所创造积累的教育知识、教育经验、教育技能、教育品牌、教育设施以及教育领域内外人际关系等的总和。共建、共享是共同建设、开发，共同分享应用成果。优质的数字学习资源是保障学生线上学习质量的关键。优质资源共享对促进教育公平，推动教育均衡发展，提高国家整体教育质量，推动教育、社会和国家发展具有重大意义。

学习中心的数字学习资源建设具有多样化、网络化和互动性三个特点。所谓多样化，是指数字学习资源形式多样，包括文字、图片、音频、视频等；所谓网络化，是指在开发学习资源时充分考虑网络传播的需求，利用数字多媒体技术的可视化特性，制作图文并茂、易于传播的学习资源；所谓互动化，是指充分考虑数字学习资源在教学活动中的意义，避免开发碎片化的资源，通过学习任务单、练习单、导学单等保障数字学习资源的有效性（见表 3-2-1）。

表 3-2-1　学习中心开发精品数字资源（部分）

开发学校	精品数字资源名称
杭州市丁荷小学	走进 Office word 2010
杭州市胜利实验学校	玩转 Pepper，趣学编程
杭州天成教育集团	走进电子表格
杭州市胜利小学	家乡好——文明的印记主题水墨
杭州市胜利小学	Paracraft 3D 动画编程入门
杭州市上城区教育学院	初中数学核心知识与方法
杭州市天杭实验学校	小学语文五年级习作指导
杭州天成教育集团	“艺”起悠游老街

案例 3-2-3 书法学习中心精品数字资源的开发与应用

杭州春芽实验学校的“墨趣智教”书法学习中心，发挥学校书法教育特长，挖掘书法教育价值，从立德树人、提高人格修养的目标普及书法教育。学校充分利用上城区之江汇网络资源平台，根据书法学习的内在规律，为不同学习水平的学生开发精品学习资源。学习中心对传统书法课程进行重构，分阶段、分组、分层实施教学设计，从而实现精准化、个性化教学。借助微课灵活的呈现方式，为学生提供了生动有趣、深入浅出的学习素材，在满足学生学习需求的同时，兼顾家长对于学生书法的教学、管理、评价、诊断等最广泛的诉求，从而为书法教育在学校和家庭的协同开展提供有效保障。

书法学习中心的微课程资源分为基础组和拓展组。基础组以学习楷书为主，适合入门阶段的学生，重点在于用笔技法的掌握和简单字的书写。以楷书“可作楷模”的实用性切入，学习过程即“扎马步”打基础，讲究稳扎稳打“拾级而上”，为后期选择学习其他书体打下牢固的基础。拓展组要求学生在掌握楷书用笔技法的基础上，开展“篆、隶、楷、行、草”字体及不同风格的进阶学习，学生依托数字资源进行个性化自主学习探索。

（杭州春芽实验学校）

2. 建设大规模在线课程

常规的线下课堂每个班只能保障 25—40 名学生同时上课，受师资条件限制，线下课堂的优质课程无法惠及每位学生。教师把线下课程制作成一系列微课，在此基础上形成微课程，发布在在线课程平台上，辅之以相关的习题和在线讨论活动，供全区所有学生选修。这种在线课程几乎不受名额限制，能让优质课程资源惠及更多学生（见表 3-2-2）。

表 3-2-2　上城区学习中心网络课程（部分）

学习中心	课程名称	课程简介
数学小实验体验中心	数学小实验	在这里，数学可以触摸、可以看见；在这里，数学需要不断尝试；在这里，数学可以操作、游戏；在这里，数学可以猜测、观察、记录、归纳、推理、验证；在这里，学生将可以探索自身无限的可能性
创意智造学习中心	玩转 Pepper，趣学编程	本课程的目标是基于 Pepper 机器人的学习，普及基础编程知识，培养学生计算思维，培养学生跨学科解决问题的能力，提升学生的学习兴趣，鼓励学生探究，引导学生悦纳技术对生活带来的改变
新劳动实践力体验中心	梧桐花圃 ·“蒜”你厉害	本课程以种植大蒜为主要内容，以微课的形式指导学生探究的方向，通过实践劳动的方式与学生共同探究大蒜的一生，引导学生感受劳动创造的魅力
Active Family 亲子共育学习中心	幼儿亲子体育游戏	课程利用生活中常见的素材，或者亲子创造的“复杂地形”，以培养幼儿的敏捷性、平衡性、协调性和协同合作能力为核心，让幼儿的身体具有适应环境和突发状况的能力，助其在体育、运动及生活中成为赢家
“未来科学 +”探究厅	小建筑家	以 STEM 项目化系列探究为主要教学内容，以线上线下结合的方式给予学生探究的方向，鼓励学生像科学家一样去探究，从而感受科学的魅力
中华传统文化学习中心	中国传统文化体验	面向 3—6 年级学生开设混合式学习课程，具体包括“书院行走、翰墨飘香、茶香四溢、习射修身”四个主题，通过线下体验和线上学习的方式，以期达到“明德正己、习艺立志、知礼识美”的学习目标
云栖科学探索实验学习中心	云栖科学探索之旅	面向初中 7—9 年级学生，为学生提供利用科学知识解决学习生活问题的实践操作机会。在这里，学生可以加深对原有知识的理解，提高知识迁移能力、合作动手能力及创新拓展能力，并在此过程中养成实事求是的科学态度，培养自身的核心素养

与线下课程相比，在线课程对教师的数字媒体开发能力提出更高的要求。学生的线上学习主要以微课的形式进行，这就要求教师在教学课件的基础上，精心设计和制作微课，通过情境化、问题化、故事化的教学设计，激发和维持学生的学习动机，保障微课程教学效果。在线课程在教学管理上，也对教师提出了新要求。在线课程虽然不存在线下课程中的班级秩序难管理等问题，但要求教师利用网络班级群组、学习平台数据等，掌握学生的学习进度和作业完成情况，及时解答学生发布在平台上的问题等。

参考文献

[1] 王雨燕. 网络知识社区的个性化发展研究[D]. 武汉：华中师范大学，2008.

第四章
共融：校园学习中心的蝶变样本

校园是学生学习的中心，更是学生参与各类活动、实践和研究的地方。教室是教师传道授业的场所，也是学生学习研究的“主战场”。如今，这一传统的“主战场”已逐渐无法满足学生日益增长的需求。不同学生研究、实践和体验知识的能力不同，所需要的环境也不同，这正是当前许多老旧中小学校所面临的困境，且此类学校在上城区尤其多。因此，对老旧校园进行改造，在原有建筑的基础上，尽可能地改建校园内部空间，创设具有亲历问题情境、开展深度学习和持续研究的功能的学习中心，正是上城教育积极探索的方向。本章阐述校园学习新空间和博物馆走进校园的相关内容，探索新型校园学习中心的课程体系和教学实践，助力培养学生的综合能力。

第一节 传统校园学习空间的转身

⊙

上城区的许多中小学校建校历史悠久、文化深厚，这是上城教育发展的优势，但同时也是劣势。悠久的办学历史造成了校园较为陈旧的问题，教学硬件条件也很难跟上发展迅速的现代化教学要求，甚至因为学生数量的大幅度提升，许多专用教室也被征用为班级教室。而学生综合能力和核心素养的培养离不开专用教室独有的育人氛围、教学情境和硬件设备，只有丰富学生体验，才能更好地激发学生主动学习研究的积极性。

鉴于此，上城区许多学校根据自身校园特色，结合学校办学理念和育人目标，尽可能充分利用校园的各个角落，如走廊、拐角、通道等，打造适合学生研究、实践、深度学习的学习新空间，促进学生综合能力的发展和核心素养的培养。杭州市濮家小学教育集团（简称濮家小学）就是其中具有代表性的一所老校，通过老校改造，实现学教方式的转变，以满足学生发展的需要，促进学生的深度学习。

濮家小学是一所拥有百年历史的老校，共有濮家校区、万家校区、笕新校

区三个校区。随着学校的发展，办学规模不断扩大，与当前多数城市小学一样，濮家小学也存在着两方面的困难：一是教学空间不足，配套教室不够，综合实践活动场地紧张；二是现有的教学硬件设备越来越难以满足学生智慧化、多元化的学习需求。

学校在学习空间建设发展上的核心目标是打造足够开展现代化教学的学习新空间，构建以学生为中心、服务于学生学习需要的空间。同时，这些空间应具备可重构、可连接、可兼容、可记录的功能。

一、传统校园再建学习新空间

为了创设多元的学习空间，满足学生学习、研究、实践的需要，杭州市濮家小学各校区结合自身校园办学特色和建设条件，对校园有限的空间进行了充分的改造和拓展。

1. 学习新空间架构

基于老校的原有空间，在原有教学硬件设备的基础上，进行拓宽、改造、创新，从而达到丰富学习场景、拓宽教室功能、增加研究空间的建设目的。

（1）利用教学楼中的金角银边，开辟“农工商”实践场地。为促进项目化学习的开展，满足学生核心素养发展的需求，濮家小学把校园里的每个角落都变成了学习资源。经过调研和分析，针对校园原有的空间和布局，进行了严密设计：一是在教学楼楼顶开辟了面积为 1300 多平方米的“阳光农场”，在教学楼四楼走廊开辟了“智慧农场”；二是将教学楼一楼的弧形长廊改造成 1000 多平方米的“阳光工场”；三是将走廊宽阔的拐角改造成“阳光商场”。浓缩社会形态的“农工商‘濮家三场’”由此诞生，形成了一种可常态化供学生实践探索的学习新空间（见链接 4-1-1）。

链接 4-1-1
“濮家三场”
新型学习空间
的建设与运作

“阳光农场”是利用学校教学楼楼顶的空地，规划建成的包含水果培育区、农作物种植区、水生动物和水生植物养殖区等的学习空间，并在一楼操场一角建设了浙江省农科院的养殖实验基地“猪宝堡”。农场里先后开展了春耕节、秋收节、迎猪仪式、相约农科院等一系列寓教于乐的实践活动和项目化学习研究活动。经过不断改造，学校还利用教学楼四楼的开放式学习空间建立了“智慧农场”。“智慧农场”是在屋顶农场的基础上利用四楼玻璃架下的空旷场地建设的葡萄种植园，是一个智慧农业的学习空间。学校与农科院合作，引进许多葡萄新品种，在葡萄丰收的季节，由学生组织开展采葡萄、尝葡萄、酿葡萄酒等项目化实践活动。在这里，学生可以利用物联网技术实现水培种植、自动灌溉、生长监测等，让植物生长变化可视、生长条件可控，体验科技对农业种植的重大作用。开放式的场馆为学生的观察和研究提供了便利，学生开展了诸多项目化学习研究活动，不仅延伸了学科教学，同时拓宽了植物种植、动物养殖及智慧农业相关的知识，已然成为学生们的一个可观、可学、可实践操作的农业劳动基地，让学生的“五育并举”有了落地的校园场所。

“阳光工场”是利用教学楼一楼的弧形长廊改造建成的，是集机器人室、木工坊、创意模型教室、创客教室、实验操作室、工艺美术室、云课厅、资料查阅室、科普展览廊于一体的大型科技生活综合一体化的活动空间，学生可以在这里进行声光电力磁的实验、木艺制作、3D 打印、VR 体验、各类模型的制作与研发等，为学生开展大型活动展示、拓展课程学习、项目化研究等提供了充足的动态学习空间。

“阳光商场”是利用教学楼一楼西面走廊宽阔的拐角建成的，该商场由学校“阳光工场”生产的产品展区、“物物交换”闲鱼池、“阳光农场”蔬菜销售柜台等部分组成，以农产品成熟收获、特色产品销售为卖点开展日常活动，在这里学生可以转换身份，达成自己的职业梦想，培养有“财商”、有创新能力的“小小商业家”。

学生在“濮家三场”的学习活动中，亲历真情境，产生真问题，开展真研究，应用真成果。

（2）改造楼间花坛，创设综合学习空间。濮家小学的万家校区，原为杭州市小班化教育实验学校，近年来，随着杭州城市东扩，城东地区大量人口导入，学生的学习空间欠缺，班级教室不足，学校甚至一度将会议室、图书室、科学实验室都改为教室。2019 年，万家校区对教学楼间的花坛进行了整体改造，创建“体艺科综合空间”。该空间为两层开放空间，建筑面积共 900 多平方米，学生可以在这里运动、研究、创作、交流，这是继“濮家三场”后，学校根据其经验打造的又一学习新空间。

通过可视化玻璃墙、开放性教室布局、符合学科特点的桌椅设计，万家校区在教学楼间创设了可以用于常态化教学的综合教室，以及用于学科拓展和兴趣培养的美术、书法、乐器专用教室，打造艺术学习中心。“体艺科综合空间”包含兰亭、画轩、曲苑等区域，兰亭是学生进行书法练习的学习空间，学校在这里开展了以毛笔书法为主的拓展性书法课程，为学生的综合发展提供有利条件，同时学生的书法作品也会在空间走廊以及玻璃墙面进行展示；画轩在满足常态美术教学的同时，也成了拓展课程——创意绘画的学习空间；曲苑既是音乐教学的专用场所，也是学校排箫、小歌手等特色课程的教学空间。艺术教学中心在满足学生学习的同时，也具备了展示的功能，这里会定期举办学生的书画作品展，会举办学生音乐会，教学与活动的同步进行让这里成为真正的新型艺术学习空间。

为学生创设自然生物研究角落——生命探秘中心，包含花圃、蝶谷和博苑三大块。花圃不仅可以种植各种花卉，还可以种植蔬菜。蝶谷则让学生感受植物与动物密不可分的关系，不同的植物会吸引不同的蝴蝶，并且蝴蝶自身的生长变化也吸引着学生，蝴蝶是可供观察和研究的昆虫典型的代表，同时又能与学科教学中蚕宝宝的观察研究相关联，拓展学科教学，促进学生的深度学习和继续研究。博苑有多肉种植装置、鱼菜共生系统、水陆两栖装置、动物的卵孵化装置等设备，通过使用这些硬件设备，学生可以更加直观地感受生命的变化，培养正确的生命观，培养科学观察、实验探究的能力。

2. 学习新空间功能设计

传统的学习空间，在营造舒适、安全、研讨的学习氛围方面有所不足，同时也较难满足学生深度学习的需要。基于学生学习发展的需求，学习新空间将完善功能建设，在环境舒适度、完善度、自由度、可视化等方面进行设计和改造。

（1）丰富空间功能性。学习新空间的创建，丰富了学生活动、学习、探究的功能。如“阳光工场”是一个大型的综合科技生活一体化活动空间，共 18 个小空间，包括 1 个展示厅、5 个标准教室、2 个小教室、6 个可变空间、3 个开放空间，以及 1 条环形长廊，可以进行从体验到实验的多种创新研究。其中 5 个标准教室为常态教学的专用教室。可变空间和开放空间均可根据学生学习的需要调整功能。“阳光工场”模拟科研机构、企业工厂等社会环境，营造了良好的学习氛围，帮助提升学生的校园学习研究质量。

（2）增加空间舒适度。每个空间根据其功能需求，定制了书法桌、木工桌、实验桌、六边形桌、小型会议桌等 9 种类型的桌子，除常规椅外，还有懒人沙发、海绵地垫、小板凳等，并配备具有收纳、展示等功能的柜子。灵活布局的家具让学习空间能够兼顾一天中不断变化的学生活动。

（3）满足学习方式多样化。学习空间有多种样态，有封闭式、半封闭式、开放式以及可变式，能适应各种活动或进行成果展示的需要，以及开展学生的自主探索或老师的集体授课，进行专科或跨科教学等。当开展全体性的活动时，可将所有空间打通，如学校童玩节活动期间开展的“未来教室项目”，跨班参加的学生多达百人，学生的设计、讨论、制作均可在这里开展。当开展小范围的拓展性课程时，又可以通过拉上隔断门来形成独立的学习研究空间。

根据活动需要，通过自由组合形成大小不同的学习空间，可以满足不同学生、不同活动的需求。而升降式的桌椅，使该空间既可以成为学习空间，也能变成空旷可供展示的活动区域。这样可变式的空间，让各种学习方式都能一一被实现，这也是一种满足未来学习模式的功能设计。

通过学习空间的变化，学生的学习方式摆脱了传统课堂的限制，由接受学习变为探究学习，由个体学习变为合作学习，由被动学习变为主动学习，实现了学习方式的多样化。

（4）促进学习成果可视化。空间的长廊，是学生经常走动的地方，可通过设计不同材质的墙壁来展示学生的学习成果。如马赛克小瓷砖可以让学生直接在上面画画；钻满小孔的吸音板可以插小棍，方便挂展示品；毛毡板方便粘贴学生的研究成果。此外，还有学生参与建设的创客墙、主题墙等课程资源，书画、STEM 问题、STEM 成果等组成的项目成果墙，使每一条长廊都成为展示学生学习成果的“学习长廊”。

二、基于学习新空间的课程实践

濮家小学的学习新空间能让学生亲历真情境，产生真问题，开展真研究，应用真成果，从而促进学生形成解决问题的意识，发展解决问题的能力。基于新空间的学习研究，也促进了学教方式的转变，教师不再是围绕教材教学，而是基于空间丰富的内容、学生研究产生的问题开展引导，促进学生综合能力的发展。学生也不再只是被动学习，而是针对感兴趣的研究主题主动开展学习和研究，包括查资料、建立学习小组、分工、持续观察、记录等。学习新空间延伸了学习的时间和空间，促进了学生的深度学习。同时也形成了学校项目化学习的研究样态，构建校本项目化课程体系。课程的建设是为了充分利用新空间的内容和设施，而课程的体系化则促使新空间能更好地服务于师生发展。

濮家小学根据不同校区学习新空间建设的特点，通过学生真实的实践研究，形成了校本特色课程。如“濮家三场”系列课程中阳光农场的“农场稻草人防鸟项目”，智慧农场的“拯救幼苗项目”，工场的“自动灌溉项目”“自动果蔬售卖机”，阳光商场的“‘小濮商’研究销售智慧”“‘猪事大吉’小猪义卖项目”，以及“体艺科综合空间”中生命探秘中心的系列课程“给濮小鸭安个家”“蝴蝶”等，特色课程均基于学生在学习活动中发现的问题，在解决问题的过程中形成的这些课程，能促进学生的深度学习。

案例 4-1-1 基于智慧农场的“拯救幼苗项目”

五年级科学课涉及关于种子萌发、幼苗生长条件的研究。学生在研究过程中，往往只关注种子最初的变化，比如发芽时的变化，前期幼苗生长的变化，鲜少关注并长期观察、记录一株植物从种子萌发到生长发育最终开花、结果的全过程，更不用说真正感受植物生长过程中与环境的密切联系。因此，学生掌握的知识往往不够系统，在特定环境中也难以分析，缺少知识迁移应用的情境和机会。

智慧农场中学生的实践，刚好可以弥补这一缺憾。学生基于课堂学习的需要，开始培育种子，上完该课后，就将萌发的种子移植到立体栽培架上继续观察。

传统教学中，学生以为有适量的水、合适的温度，能与空气接触，有光照，绿豆幼苗就能够正常地生长发育。但通过新建空间的实践，才发现培育一株植物并非如此简单（见图 4-1-1）。

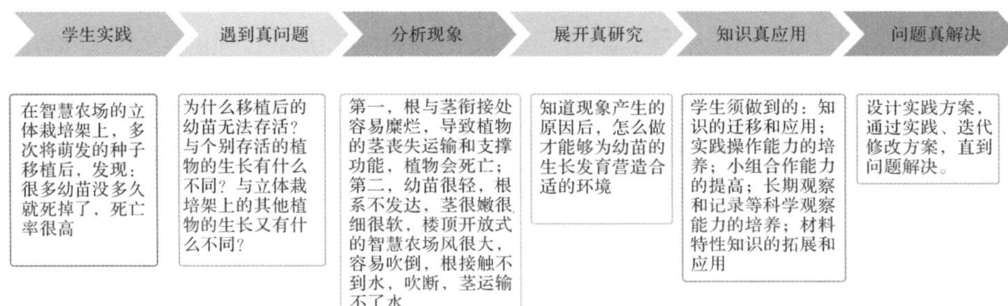

图 4-1-1 基于智慧农场的“拯救幼苗项目”实施图

学生基于实践中真实问题的分析，针对同一情况设计不同方案，开展实践研究，但并非所有的方案都可行。通过监测实践现象，归纳原因，采用最佳方案，直至解决问题。

学生在实践中也并不会只用到相关的学科知识，还会用到曾经学过的综合知识，比如材料的特性和功能。根据每一棵幼苗的种植位置，采用不同材料达到相同的种植效果，直到解决问题，促进知识的运用和迁移，提高解决问题的能力。

（杭州濮家小学教育集团）

案例中的濮家小学注重为学生的学习创设真实的环境，并在学生真实体验实践中，引导学生发现具体问题，分析问题产生的原因，从而探索解决问题的具体措施，并展开真实的实践，在监测过程中不断修改迭代方案，直至问题真正得到解决。最后，引导学生梳理整个问题产生和解决的过程中所用到的学科知识，引导学生用所学的具体知识解决真实的身边问题，从而提升学生问题解决的能力。濮家小学的学习空间立足于为学生创设真实的学习环境，让学生充分体验，促进学习的真实发生。

在智慧农场创建之前，学生通过土培种植的方式对种子发芽和植株成长的过程进行观察和研究，会出现以下问题：第一是种子一直不发芽，但不知原因；第二是幼苗后期存活率低；第三是大部分时间交给家长管理，欠缺真实参与。最后，学生会将植物种植不成功归因于没有经常浇水，或者浇了太多的水等浅表性的分析上，这与学科中种植实践作业的目标相背离。

通过智慧农场可视化的研究，学生开展“拯救幼苗项目”之后，延续了课堂学习，课后继续对植物进行观察，并进一步分析植物的健康生长因素，除了满足植物基本的生长条件以外，还与诸多外界因素相关，学生发现水、空气、温度、营养液浓度、光照强度等都会影响幼苗的生长，从而对这些外在条件开展研究，而在研究的过程中也促进了学生对学科核心概念的理解、迁移和应用。项目研究的过程提高了学生的提问意识，发展了其解决问题的能力，促进了其深度学习，而这些都是在学校改造前无法做到的。

三、校园学习新空间的运行与管理

濮家小学学习新空间的运行模式分为运行路径和管理机制两个部分，是真正实现学习方式转变的运作，所有环节都基于学生的“学”进行设计与实施，教师在每一个环节都以引导、组织、服务为主要任务。

1. 校园学习新空间的运行路径

学习新空间的运行基于学生需求，运行路径基于学习的全过程，具体分为产生问题、形成项目、开展研究、展示评价四个阶段。

（1）产生问题。基于课内学科学习和自主实践的需要，学生在新空间的学习中产生问题，如智慧农场的幼苗在不同的装置中生长的速度不同，存活率也不同，从而确定研究问题为“为什么会出现这一现象”，并通过不断地分解问题和归因，确定研究方向。然后将研究的问题粘贴在问题墙进行展示，以吸引更多的同伴参与，进而组建项目团队共同为解决问题出谋划策。

（2）形成项目。项目导师小组通过对问题墙上的研究问题进行筛选指导、对研究问题的方向进行简单论证和引导，最终促进项目的确定。

学生通过问题墙进行研究队友招募和团队建设，形成项目小组。小组通过对问题的产生进行归因，以及对可能的解决措施进行头脑风暴，撰写研究计划，并由项目导师小组对项目计划进行诊断和指导，保障项目的顺利开展。

（3）开展研究。项目小组根据开展研究的需要，向项目导师小组申请研究的时间和空间，项目导师小组则会与学生所在班级的班主任进行沟通，确保学生研究的时间充足，这样项目团队就可以根据计划在学习新空间开展研究。

（4）展示评价。为了更好地鼓励学生开展常态化的自主研究，以及充分利用学习新空间的各种资源，濮家小学设计了多种评价方式，主要有以下几种。

①研究成果展示：将项目小组的研究过程和项目成果在长廊问题墙附近进行展示。

②研究过程评价：以学生自评、互评和教师评价为主，评价注重能力的提

升，关注学生在此期间自身的发展和变化。

③童玩节活动展演：通过学校大型活动，开展线上线下的项目化成果展示。

④结合学校七彩阳光少年评定标准，根据课程学习过程中获得的评价星级给予学生“蓝色阳光智慧”奖章和“优秀成员”的称号。

2. 校园学习新空间的管理机制

学习新空间的建成并不是最终目的，能够真正基于学习需要来使用空间才是建设的初衷。完善空间的管理机制，从而确保学生在学习过程中能够及时、充分地运用空间资源，以满足学生持续学习、深度研究的需要，是空间使用的关键。

学习新空间的运行支撑是不断完善的空间建设和跨学科教研组的组合而成。目前学习新空间已完全达到当初设计时师生的要求——好玩、好看、可研究。且整体走向智能化，农场中增添了植物可视化生长、可控生长、立体栽培的设施，这些是濮家小学学习新空间不断发展的体现。另外，学校成立的三级教学梯队，引入专家领衔，是学习新空间运作的有力保障。

（1）架构教学组织。濮家小学学习新空间的三级教学组织结构如下：领衔专家组、跨学科教研组和项目导师小组，从宏观到微观、从专业引导到学科融合等多维度共同促进中心的有序运作（见图 4-1-2）。

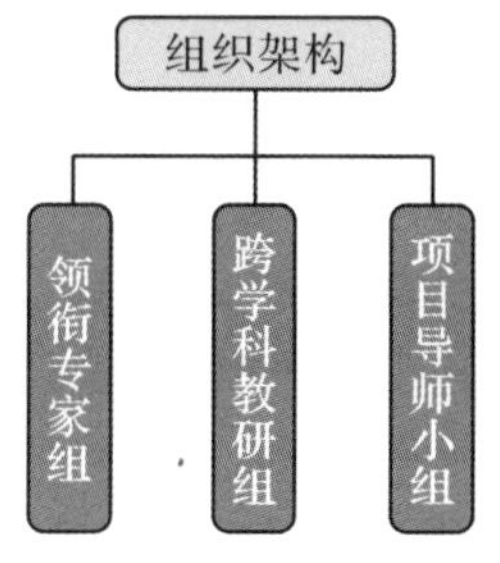

领衔专家组：由省市区教育科研专家、市区教学研究专家、区各学科教研员、美院环境设计专家组成

跨学科教研组：是基于以项目化为载体的学生深度学习新需求而设立的，由本校不同学科或者精通多学科的教师经适当培训后组成

项目导师小组：由两名具体项目的导师组成，有两种构成方式，一为校内外导师各一名，二为校内两名导师。

图 4-1-2　教学组织架构

在架构中，领衔专家组由省市区教育科研专家、市区教学研究专家、区各学科教研员、美院环境设计专家组成，他们在课改思想、场地建设、学习新空间运作、跨学科教师培养等方面给予指导和建议，目的是使学习新空间的建设与运作有高起点、高效率、高质量；跨学科教研组则是基于以项目化为载体的学生深度学习新需求而设立的，旨在为解决真实情境中的综合性和整体性探索提供指导，由本校不同学科或者精通多学科的教师经适当培训后组成，目的是为提交项目的学生做学科知识融合的指导，指导学生利用综合知识解决问题；项目导师小组由具体的项目导师构成，其构成方式一般有两种，一为校内外导师各一名，二为校内两名导师，他们的任务是带领、指导学生进行项目的探索，完成一个具体的项目，完成这个项目之后项目导师小组就会解散，再根据下一个项目的需求重新组合。

（2）完善教学资源。在学习新空间的运作中，教学资源是最重要的资源之一，有了优质、充足的教学资源，学习新空间的作用才能更大限度得到发挥。

为顺利实现学习新空间的实践教育，在导师项目制学习中，学校实施“双师制”，即导师小组由主教与助教两名教师组成，主教由外聘导师担任，助教由校内教师担任，主教主要负责项目内容的实施，助教主要负责学生的学习组织，各有侧重。为使学习新空间更好地发挥综合实践育人的功能，在师资方面学校加大了对国内高等院校及科研院所资源的开发和利用，注重专家、企业家、有专长的学生家长的聘用，开展了百名博士进校园、院士进课堂、爸爸来讲课等多种实施方式，让他们担任实践导师、担任主教，发挥他们的特长，优化学习新空间的师资结构。

（3）明确各级制度。学习新空间在培训、研发、活动、管理、评价等方面设计了清晰的制度，确保中心有序良好运作主要包含以下五个方面。

一是活动开展制度，明确活动的组织要求和活动的基本模式，规定每学年要开展多少场活动。

二是设备管理制度，为了让学生自主学习研究，大部分设备向学生全天开放，团队随时可以进行学习研究。

三是课程研发制度，保证课程研发数量与质量。

四是项目评价制度，对区域学习中心的活动项目进行评价，设立相应的评价制度。

五是培训学习制度，制订教师外出培训计划，引入专家指导计划，量化每年培训学习。

濮家小学通过对老校园进行改造，为学生创设了丰富的学习新空间，增设了诸多新的研究实践体验，促进学生在实践体验中不断地学习和研究，进而促进学教方式的转变，延伸学习的广度和深度，进而促进学生的深层学习。

第二节
博物馆走进校园

⊙

链接 4-2-1
微型博物馆
项目介绍

“一座博物馆就是一所大学校。”在博物馆里，不同的收藏理念和展品会赋予博物馆完全不同的风貌，在无形中折射出不同的精神文化厚度，对提高全民族的科学文化素质和思想道德水平及凝聚社会公民力量具有重要作用。但社会综合性博物馆一般通过博物馆珍贵实物、专业系统文字介绍以及视频等形式呈现学习内容，参观者仅能通过聆听、阅读等方式展开自由式学习，缺乏针对学生的博物馆学习方式设计，并且学生缺少学习时间、学习方式、学习成果评估等方面的自主决定权。而校园微型博物馆（见链接 4-2-1）在展馆展陈与功能设计、空间建设与内涵界定等方面均有别于综合性博物馆，是学校正式教育的有益补充，是第二课堂教育的理想场所。杭州师范大学第一附属小学是浙江省唯一的“浙江省校园博物馆学习中心”，学校自 2020 年起与浙江自然博物院、中国财税博物馆、杭州博物馆、浙江省军区等单位开展深度合作以来，在校园内建立了“贝类王国”“小小理财家”“宋韵游艺馆”“少年军事家”等校园微型博物馆。学校通过建设校园微型博物馆，变革博物馆的学习方式，开展素质教育，提升学生综合素质，培育时代新人。

一、校园微型博物馆

校园微型博物馆以社会专业博物馆优势资源为依托，基于校园既有空间与育人目标、学生认知规律、课程建设等条件，由社会专业博物馆提供展品和专业设计，构建不同主题的实践性学习场景。

1. 五大校园微型博物馆践行“五育并举”

基于“五育并举”理念和学生培育要求，杭州师范大学第一附属小学从学校周边的综合性博物馆中遴选符合学校办学思想的博物馆，签约引进博物馆资源，利用校园特定空间建设具有育人价值的校园微型博物馆学习空间，该空间的资源选择、呈现方式均要符合学生的探究性学习方式的要求。根据五育融合思想，杭州师范大学第一附属小学引进了五大校园微型博物馆，分别是红色少年军事微型博物馆、小小理财家微型博物馆、宋韵游艺微型博物馆、贝类王国微型博物馆、小小中药师微型博物馆。

红色少年军事微型博物馆——德育。学生参观、了解博物馆陈列的英雄模范事迹、国家尖端科技和先进武器研发历程和性能，可以进一步激发学生的民族自豪感。参与以军人英雄模范为主人公的思政项目课程学习，深刻领悟英雄模范的牺牲与奉献精神，增强国家认同感和社会责任感。同时，还可以让学生参与军事科技模型的融创项目，提升科技创新、动手实践、发现问题、解决问题的能力，提升自我学习反思的能力，培养质疑精神和坚持不懈的学习精神，不断提高与人交往的能力。

小小理财家微型博物馆——智育。学生在参与小小理财家微型博物馆、中国财税博物馆空间协同学习活动的过程中，学习我国货币的发展历程，认识货币在国家财政中的重要功能以及货币体现的人文美学思想。体验“杭州旅游纪念币”“小小零钱包”“小小税收宣传员”“穿越南宋研古币”等项目活动，开展税收主题学习，提高纳税意识，培养社会责任感和交往能力。通过制作税收宣传画报等形式，参与纳税的社会宣传活动。

宋韵游艺微型博物馆——体育。在沉浸式的体验学习中，让学生认识宋朝时期人们的娱乐、体育运动项目，在比较研究学习活动中，传承和弘扬民族精神，挖掘民族文化底蕴，提升民族自豪感。参与宋韵游艺项目的项目设计研究活动，在活动中提升发现问题、提出问题、解决问题的能力，发布自己的研究成果，提高交往能力、质疑能力、实践创新能力。参加宋韵游艺项目，积极参与不同形式的体育健康活动，形成良好的自我健康习惯和意识，培养积极奋进的人生态度。

贝类王国微型博物馆——美育。学生参与浙江自然博物院和贝类王国博物馆真实问题情境的学习活动，从科学家、艺术家、雕塑家、文学家、发明家等视角提出自己的研究问题，经历提出问题、聚焦问题、做出假设、实证研究、搜集信息、分析解释、得出结论等步骤，体验探究性学习的全过程。经历对贝类种群的研究、贝类艺术美学的设计编造，提高关于贝壳的艺术鉴赏、实践创新能力。开展贝类生态养殖活动，增强自然生态保护意识，发展珍爱生命、保护环境的思想。

小小中药师微型博物馆——劳育。学生参与泰仁堂大药房中药制作、小小中药师博物馆的药草种植活动，经历药草种植、培护、观察、采摘、晾晒、熬制等中药材制作过程，提升中药师岗位荣誉感和传承中医药精神、弘扬中医药文化的民族责任感、荣誉感，在动手实践活动中增强解决真实性问题的能力，在制作中药包等活动中提升健康意识，培养健康的生活方式。

2. 校园微型博物馆的特征

校园博物馆不是综合性的在编博物馆，也不是大型的专业博物馆，它具有以下几项显著特征。

（1）微型性。校园微型博物馆是城市迷你型学校利用有限空间设计的微空间、微内容、微形式的博物展陈，具有低成本、易变更的特点。例如，学校的“贝类王国”博物馆展馆小、易变更，是可以走进课堂的，让学生在教室里就能进行一场“海洋之旅”。

（2）主题性。微型博物馆以小见大，一座博物馆凸显一个鲜明主题，适应小学生的年龄特征和易感观、易理解的认知特点。例如，红色少年军事微型博物馆、小小理财家微型博物馆、宋韵游艺微型博物馆、贝类王国微型博物馆、小小中药师微型博物馆围绕着各个主题，分散在学校的各个角落，方便学生在课间等闲暇时间，可以随时学习与研究。

（3）儿童性。校园微型博物馆首先要适合儿童学习认知规律，每一座微型博物馆的建设在色彩选择、展品选择、展陈模式等方面都应遵循能启发儿童提问、适合儿童研究的理念。例如，财税博物馆在立足财税历史特色的同时融入感官互动体验，设立“手账设计小能手”作品开放式展示区域，在内容安排、形式表现、整体设计上与浙江省自然博物馆贝壳展览保持有机衔接，力争使相对抽象的财税主题能符合学生的认知、贴近学生的生活、引起学生的兴趣，真正做到春风化雨、润物无声。

（4）体验性。现有社会综合博物馆有一个明显的不足，即设计时没有从儿童视角出发，缺少对儿童体验、实践、探究学习的考量，校园微型博物馆的设计建设从儿童体验性学习、实践性参与等方面予以优先设计，让儿童能在玩中学、做中学、创中学。例如，学校的宋韵游艺博物馆里有捶丸、相扑、投壶、陀螺、击壤、毽球、打秋千七个游艺项目，分散在校园各处，学生可以在课余时间邀上小伙伴一起活动，大大丰富了学生的体验感。

3. 校园微型博物馆的功能

校园微型博物馆作为一种新型学习空间，可以实现课堂学习空间和博物馆学习空间的跨界整合，实现国家课程和博物馆非正式课程的无边界融合，实现学生课堂学习时间和博物馆学习时间的深度融合。

校园微型博物馆是正式学习空间与非正式学习空间交融呼应的整合体，其构建基于博物馆资源和国家课程标准的联结整合，是在教师指导下开展的学生深度参与的以体验式、实践性为主的项目化学习。它成为学校整体课程的有机组成部分，实现学生在博物馆上学的沉浸式学习样态。课后服务时段、社团活动时段以及其他休闲活动时段，师生均可利用校园微型博物馆空间开展项目化学习和实践性学习活动。

4. 校园微型博物馆和社会综合博物馆的区别

校园微型博物馆的微型性、主题性、儿童性、体验性等特点，决定了其与社会综合博物馆在本质上的不同。校园微型博物馆的建设主体是学校，决定了其首要任务是育人，其为儿童提供学习的空间和场域，更具备了社会综合博物馆所不具备的儿童教育的理念和特色。校园微型博物馆的建设尤其是在育人目标方面必须紧扣学校培养理念，在空间形态上要和学校原有布局功能进行叠加、整合、设计，在学习方式上要适合儿童特点，便于儿童开展项目化学习，而且要探索与国家课程内容具有相关性，能联结国家教材和国家教育意志，更能为国家课程实施提供有益补充。校园微型博物馆与一般的社会综合博物馆既有相关性，又有一定的差异性（见表 4-2-1）。

表 4-2-1　校园微型博物馆和社会综合博物馆的对比

类别	校园微型博物馆	社会综合博物馆
育人目标	和学校培养目标紧密契合，易于学校整合发展	和国家培养目标、社会发展目标契合，利于不同综合性育人价值观塑造
空间形态	基于校园既有空间，镶嵌于校园行走空间之中	大型展示空间，距离正式学习空间较远
展示主题	聚焦某一主题集中展示，利于儿童聚焦性观察和学习	综合性主题分布，利于有不同兴趣的儿童自主选择
学习方式	体验式、主题式、项目化	体验式、听讲式

续表

类别	校园微型博物馆	社会综合博物馆
学习内容	整合学校课程，创设具有校本特色的拓展课程、联动课程，更适合儿童的思维方式和年龄特征	依托博物馆优势资源，以展示、体验等形式将实物、文字、图片资源构建成自主性的学习内容
学习时间	紧密结合学校课程、课堂学习时间，以集中性学习为主、分散性学习为辅，有较强的组织性和一定的纪律性	学生自由安排时间参加，时长也由学生自主控制
学习要求	在教师引导下遵循以终为始的原则，制定评价量规，开展问题解决式的学习。以展示、汇报等形式呈现学习成果，开展过程性的学习评价，完成学习	学生根据自身兴趣选择，跟随讲解员随机学习，无正式评价监管

二、基于校园微型博物馆的课程体系

校园微型博物馆改变了博物馆以参观、听讲解为主要特点的浅表性学习样态，形成具有解决真实问题、指向明确认知思维参与的深度学习样态，构建基于博物馆空间的活动课程资源和项目课程资源。

杭州师范大学附属第一小学依托校园微型博物馆学习空间构建活动课程、项目课程，让学生通过校园微型博物馆和社会综合性博物馆实践探究性、体验性、项目化的学习方式，弘扬热爱祖国、热爱中华民族的情感，增强对国家的认同感和民族自豪感，提升在国际交流中宣传民族文化和民族精神的能力水平。学生通过参与校内外博物馆资源的沉浸式、融创式学习，培养提出问题和解决问题的能力，锻炼在真实性问题情境中综合运用知识解决问题，提高知识迁移运用的能力；在小组合作团队研究过程中培养信息搜集、数据处理、分析解释、逻辑推理、作出结论的乐学善思的学习能力，并形成勇于探究、勇于质疑的博物馆学习精神，达成校园微型博物馆建设的总目标（见图 4-2-1）。

图 4-2-1 “五育并举”的校园微型博物馆课程设计总目标

三、基于校园微型博物馆的课程实践

教学实施是完成教学目标的基础，传统教学方式让学科知识远离学生的生活和经验，学生形成的是惰性知识，缺少解决真实问题的过程，缺少探究学习的全过程，学生无法体会知识的真实用途，也无法在生活中使用知识、迁移运用知识。教师的教学方式单一化倾向导致学习枯燥乏味，学生学习兴趣不高，学习效果不好。校园微型博物馆的学习基于跨学科融合目标设计理念，能有效改变现有教学模式，提升教学的趣味性和学生的学习积极性。

1. 沉浸式学习：在校园微型博物馆中学习博物知识

素养用一句话表述，就是培养学生未来在复杂情境中解决问题的能力。倡导学生在真实情境中培养实践能力，是博物馆学习的立意之本，是对现有重视符号教学的教材逻辑教学方式的改变。目前，小学各学科教材都是从古至今人类文明的精华浓缩，用高压缩的学科符号、专业术语呈现。教育者应充分考虑学生生活逻辑和教材逻辑之间的整合，让学生学习的符号回归生活、回归真实，让学科知识和博物馆资源、博物馆资源和学生的生活经验相遇，搭建有助于学生生活经验和学科知识的内在同化与顺应的平台，促进学科知识在学生知识结构体系中融会贯通。

格兰特·威金斯认为，从本质看，教是不能引发学的，必须是学习者在学习中获得成功的探究尝试后才能引发学习。因此，学习是学习者主动建构的过程，是学习者在真实情境中基于对现实场域的体验、感受、感悟，并与原有认知建立联结的过程中作出自己独立的判断、选择和组织，进而形成新的认知结果，促进学生学习的真实发生。

案例 4-2-1 基于宋韵游艺微型博物馆的国际解说员项目设计

基于宋韵游艺微型博物馆资源开展的“Having Fun in the Song Dynasty Museum”项目研究，主题是指向基于校园微型博物馆的英语表达应用性学习。英语表达是英语单词、句式、语法的综合应用，基于真实性语境的应用性表达，更有益于学生感受到英语知识学习的价值，提升知识学习的迁移能力。利用学校亚运人文体验点的宋韵游艺微型博物馆资源，针对国际友人为宋韵游艺项目设计项目介绍、操练方法介绍，提高学习的趣味性、真实性、挑战性。

本项目在杭州亚运会这一真实事件背景下，设置在学校迎接外宾入校参观、体验的真实性挑战任务。通过活动，学生学习应用英语的能力大幅提升。本次参与学生为五年级的学生，根据学生的语言学习规律及所掌握的英语语言知识，教师立足于课本知识，结合宋韵游艺微型博物馆游玩项目的资源进行课程拓展。同时紧密结合杭州亚运会这一背景，让附小学子争当杭州亚运会的宣传官。在项目学习的过程中，学生通过小组合作、自主探究，阅读宋韵游艺项目资料，了解中华宋韵文化，将课内所学的语言知识迁移再创造，通过海报展示、短剧表演等形式将宋韵文化介绍给国际友人，实现了英语语言学习素养目标和博物馆项目资源的深度联结。

（杭州师范大学第一附属小学）

由以上案例可以得出两点结论：一是学习始于兴趣的激发。宋韵游艺微型博物馆丰富多彩的运动项目，是对南宋文化的传承，多样化的游艺形式和竞技形态，身着南宋服装，体验优雅古风的活动礼仪，带给学生耳目一新的感受。丰富多彩的运动方式让学生兴趣盎然，学习热情油然而生。二是学习始于挑战性任务。用英语推荐南宋古风的运动游艺项目，借助杭州第 19 届亚运会契机，该校宋韵游艺微型博物馆被评为亚运人文体验点，学生都可扮演外交官，正确、准确地开展宋韵游艺项目的操作、解说、介绍，这也将成为学生挑战的项目，让学生承担起文化传承使者的责任和使命，愿意接受挑战，愿意为该项目学习付出努力，也得以将学科学习和项目化主旨巧妙融合。兴趣的激发和挑战性任务的双向融合，使学生产生了强烈的学习动力，如安德烈 · 焦耳当所阐述的，学习动力源自价值感的塑造，学生在学习中认识到学习具有价值，感受到学习成果可为环境带来价值，从而不断努力、持久付出。

2. 任务型学习：在博物馆真实场境中实现深度学习

随着《义务教育课程方案和课程标准（2022 年版）》的颁布，任务型学习这一概念走进了人们的视野。任务型学习的显著特征是学生学科知识与真实挑战性任务设计的深度融合，将学习融入真实任务的完成过程中，使学生体会知识学习的价值，学习知识在日常生活中的迁移运用。基于校园微型博物馆资源，依据真实情境提出问题，聚焦真实挑战任务，使学习真实发生。校园微型博物馆真实情境下的任务学习体现了深度学习的实践性。

案例 4-2-2 基于中国财税博物馆的“货币上的中国”项目设计

“货币上的中国”项目指向“我在博物馆上小学”的项目立意，其三个分项目分别是“货币上的文物”“我在南宋玩古币”“人民币上看发展”。第一个分项目是在小小理财家微型博物馆开展教学研究，第二个分项目是在中国财税博物馆宋币展厅开展研究，第三个分项目是在小小理财家微型博物馆开展研究。

整个项目的研究以小小理财家微型博物馆、财税博物馆的双空间协作进行。第一个分项目采用教师引导下的学生自主探究方式，第二个分项目采用校内教师和博物馆研究员双师协同的方式，第三个分项目采用连线博物馆研究员开展专题教学的方式。第一个分项目不仅丰富了小小理财家微型博物馆的货币展示形式，为中华人民共和国五套人民币专设了展示柜，还设计制作了杭州旅游纪念币，成为学生探究人民币上的文物项目的衍生产品，在小小理财家微型博物馆进行展出。第二个分项目学生在中国财税博物馆宋币展厅开展沉浸式体验研究，结合交子这一纸币在发展中出现的历史空白，创新设计不同面额的交子，弥补历史档案的空白。第三个分项目实现了博物馆研究员通过网络视频形式创新双师协同的教学方式，以博物馆研究员的专业视角拓宽研究思路。三个分项目均实现了学生真实情境下的深度学习，项目成果丰硕。

（杭州师范大学第一附属小学）

学生在综合社会博物馆以参观、听讲解等主要形式开展传统性学习，开展的是浅表性的学习和低阶性的学习，对学生的高阶思维发展助力不大，无法实现学生原有认知结构的重构和学科知识的迁移。以上项目化实践案例，为博物馆学习多样化空间利用探索了新的实践路径，借助博物馆专业化学习空间，创设基于任务引领的沉浸式学习，学生有经历原有知识在新学习情境中解决问题的真实体验，实现知识的迁移性运用，从而实现深度学习。对学生的学习而言，至少有以下价值：一是指向学科知识的实践运用，学生在传统教材体系中的学习，是在原有学科逻辑框架内的研究，是脱离真实情境、脱离校园情境的惰性知识的获得，难以迁移运用，而博物馆真实学习情境的创设，让学生获取的知识和现实问题的联结成为可能。二是学科学习和民族自信深度联结，《义务教育课程方案和课程标准（2022 年版））》强烈要求，通过学科教学实现民族自信、文化自信，实现这一核心素养的培育，必须基于真实可触摸的学习素材，将文化传承在不经意间烙印在学生的思想深处。

素养时代，学校教学已经从知识传授走向运用知识解决问题的能力的培养，这里的问题不是传统意义上的学校场景内的知识性问题，而是超越学校场景的真实性问题。基于博物馆资源的学习引导学生在博物馆等场馆背景下提出挑战性问题，通过探究性学习等方式尝试开展问题解决的学习活动，试图让学生深度融合博物馆资源，激活多维学习方式；经历完整探究过程，提升问题解决能力；设计真实挑战性问题，形成积极思维；重视过程学习性评价，完成自我监控过程。

传统课堂围绕学科知识进行符号化的学习，具有概念特征，脱离生活实际，使学生无法将其有效迁移到日常生活中，难以体会其应用价值和生活价值，学生学习的价值感不高。校园微型博物馆的学习融合博物馆资源，让符号化知识形象化，借博物馆师资让学习具象化，建立起知识和世界的感知联系。

“中华民族历史悠久，中华文明源远流长，中华文化博大精深，一个博物馆就是一所大学校。”习近平总书记于 2017 年在广西合浦县汉代文化博物馆考察时对博物馆资源进学校提出的指示发人深省，也促成了博物馆资源的有效利用，非正式学习空间的校园微型博物馆陆续走入学生日常学习视野。融合博物馆资源的丰富课程，改变了学生围绕教材逻辑的概念化学习方式，体验学科知识迁移运用来解决问题的真实性的学习方式，感受到所学知识在生活中的可运用性。改变了教师固有的课程观、学生观与教学观，教师自主开发博物馆学习课程，尤其吸纳博物馆专业研究员加盟课程研发，联动博物馆构建运行机制，实现馆校跨时空双师协同，促进学教方式变革。

参考文献

［1］尹双红．“一个博物院就是一所大学校”［N/OL］．人民日报，（2021-02-05）［2022-04-13］.https://baijiahao.baidu.com/s?id=1690841306596792725&wfr=spider&for=pc,2021.02.05.

第五章
共创：将社区建成新型态学习中心

未来学校的学习中心，应当突破传统学习中心环境封闭、场景固化、时空低维的形态特点，通过与社区的合作共创，实现多跨场景、多维构建，满足学生、教师、家长、社区居民多样化以及个性化的学习需求。本章梳理了互补型、辐射型、共振型三种类型的学习中心，介绍其如何通过学校与社区多维度、多形式的合作，实现学习资源、学习时空的拓展。同时，本章系统阐释了学校与社区共同维护学习中心运作的机制与模式，为创建面向未来的社区学习中心提供实践智慧。

第一节
与社区一起创造多种需求的学习中心

⊙

教育中长期存在着“学校的教育与社会分离、割裂”的问题，这对学生的成长和未来的发展非常不利。学生的教育不能仅靠学校，而要利用更多的社会资源来解决这个问题。社区拥有很多可以利用的社会资源，通过改建可以为学生的发展提供服务。社区要和学校达成一致的育人目标、育人理念，形成共同育人机制，让学生走进社区的图书馆、活动场馆，让社区参与学校课堂建设，让社区成为学校的一个大课堂，成为学校的一个重要组成部分，为学生打造别样的学习中心。学生可以通过参与社区活动，走出学校，融入社会。上城区基于对未来学校的思考，聚焦家校政社四方协同，通过统筹配置优质教育资源，打破社区和学校之间的壁垒，促进人与空间环境、学习资源、智能技术的交互融合，为开展多样化的活动提供环境支持，形成一个更大、更多样、更开放的教育资源互动体系。地处艮北新城杨柳郡社区的杭州市澎致小学，以“办一所没有围墙的儿童友好型学校”为办学目标，创新“融合、共享”的校社融通模式，引领儿童展现独特的创造性，释放他们自由的天性。

一、社区学习中心的建设价值

校社融通、协同共建是时代发展对教育的新要求，也是我国教育发展和完善的必然走向。无论是国家教育发展顶层设计的大势所趋，还是新时代学生素养发展的切实所需，数字技术创新让校社融通协同可行。上城区正全面打造优质均衡、人民满意的美好教育引领区，始终走在教育改革前列，将紧扣家校政社协同共建学习中心作为教育改革的切入点。

1. 未来社区推进需要以学习中心为依托

浙江省发改委和省建设厅联合发布的《关于开展2021年度未来社区创建的通知》对未来社区的创建提出了明确的方向。开展未来社区创建工作必须坚持现代化属性，坚持家园属性，坚持民生属性，坚持普惠属性，主要以数字化、智慧化改造和“补短板”式、“三化九场景”功能嵌入为主，整合社区现有运营资源，增补优质社区公共服务配套，重塑社区生活圈活力。

澎致小学所在的杨柳郡社区作为浙江省首批未来社区，以“三化九场景”建设作为推进未来社区落地的抓手，其中包含未来教育场景的建设，将学校与社区一起创造学习中心作为突破口，将满足社区多样的学习需求作为目标。

2. 数改项目落地需要以学习中心为载体

上城区教育局依托数字化资源优势和发展特色，提出“五合一”，即将星级家长、学后乐园、入学零跑、淘活动和智护未来五大平台合并成“尚学通”项目。通过申报论证后，杨柳郡“尚学通”数改项目由浙江省教育厅发文立项。澎致小学成为杨柳郡“尚学通”数改项目试点学校，重点围绕学后乐园和淘活动平台，与社区数字资源融合，提升社区居民的获得感和幸福感。

3. 新型教学空间培育需要以学习中心为抓手

杭州市澎致小学秉持“三化合一”空间建设理念，以新型教学空间撬动学习方式转变为目标，打造学习中心“STEM 五坊一空间”。该项目被评为浙江省新型教学空间培育项目，充分发挥其对学校和社区内其他学习中心的引领示范作用，实现馆群的链接，形成丰富多样的学习中心。

二、社区学习中心的建设目的

社区居民是学习中心的主体，本校学生和学生家长更是学习中心的核心与关键，了解和掌握其学习需求，有助于明确学习中心创造的方向和目标。而学校学生、学生家长和社区居民三类人员的学习需求是不同的，具体可分为以下三种。

1. 指向“全面发展”的学习需求

“五育融合”可理解为“五育并举，融合育人”，聚焦于人的全面性与整体性发展。这就要求教师在学科教学实践中秉持“五育融合”的育人理念，将“五育”有机整合到教育教学全过程中。新时代背景下，倡导“五育融合”是培养德智体美劳全面发展的社会主义建设者和接班人的必由之路，但传统的学习空间局限于单一学科的线性课堂，既没有办法突破学科的壁垒，也没有办法挣脱空间的桎梏。因此，新型学习空间的建构迫在眉睫。

此外，发展学生个性是促进学生全面发展的需要，也是培养创新型人才的需要。同时，学生的个性发展也是在活动中进行的，以书本为主的知识教授类课堂场景已不足以支撑学生多维度的个性化发展。因此，以学生个性发展为导向的综合类课程的实施至关重要。

2. 指向“亲子育儿”的学习需求

习近平总书记在 2015 年春节团拜会上指出：“家庭是社会的基本细胞，是人生的第一所学校。”然而在现实生活中，因父母的教育失当导致孩子受到伤害，甚至走上歧路的事例比比皆是。针对这些问题，学校建立“家长学校”线下学习中心，结合学校特点完善相关机制和体系，每学期初对在校学生家长的需求进行调查，并定期举办有关亲子关系、育儿知识等主题的培训和讲座，提供育儿及家长成长方面的指导与服务，致力于培养“乐学习、明责任、善倾听、常陪伴”的家长。

上城教育秉持“美好教育”的发展理念，高度重视家庭教育，推出“星级家长执照”工程。调查显示，家长迫切需要了解亲子关系和育儿知识，因此上城教育从互联网时代的学习模式和特点出发，整合区域力量，创新探索家长教育社会化运作机制和家长教育指导服务体系，依托星级家长执照开展线上线下混合式学习中心的建设。

3. 指向“终身学习”的学习需求

调查中发现，社区居民非常需要精神文化、体育运动和特长展示等方面的助力。依托多元的学习中心，从社区居民的学习需求入手，上城区开展阅读节、书画鉴赏大会、体育健身达人赛和社校大舞台等形式丰富的学习活动，以“终身学习”为理念，把学习中心迭代成为社区中的学习中枢，整体提升社区居民素养。

三、社区学习中心新样态

通过梳理社区和学校的各类学习资源，秉持以学习者为中心的理念，发现社区与学校之间存在三种类型的学习中心：一是互补型，你有我没有或者我有你没有的相互补充；二是辐射型，你专业我业余或者我专业你业余的相互引领辐射；三是共振型，你活动我也跟着活动的双方同频共振，与社区共同创造属于上城特色的学习中心样态。正如链接 5-1-1 所展示的，澎致小学与社区共建共享学习中心，为社区居民带来更多样的学习体验。

链接 5-1-1
澎致小学学习中心项目介绍

1. 互补型学习中心

上城区各个学校与社区开展的合作各有不同，有的与社区内商业街进行合作，深化学科综合素养评价体系建设，有的和周边企业合作开展研学活动。各学习中心融合资源，相互探讨、相互补充合作模式，形成互补型学习中心。

（1）依托社区商业街现实情景，开展校社共评。“双减”背景下，义务教育更加强调减轻学业负担。在实施评价这一维度上，杭州市澎致小学与社区展开了互补合作。传统的评价方式以纸笔为主，较为机械，不利于培养出面向未来的创新性人才，因此，综合素养测评的开展蔚然成风。但大多数综合素养测评仍旧只在校园中开展，创新采用“模拟情景”的方式，可以让学生“虚拟体验”生活。

面对这一症结点，学校与社区展开合作，在开展测评前从管理层面、教师层面、校社层面进行了一系列的部署：以社区真实的生活情境为背景，以学科知识为基础，设计若干典型任务，促使学生在解决真实问题的过程中提升学科综合素养，凸显教学评一致性（见图 5-1-1）的特点。

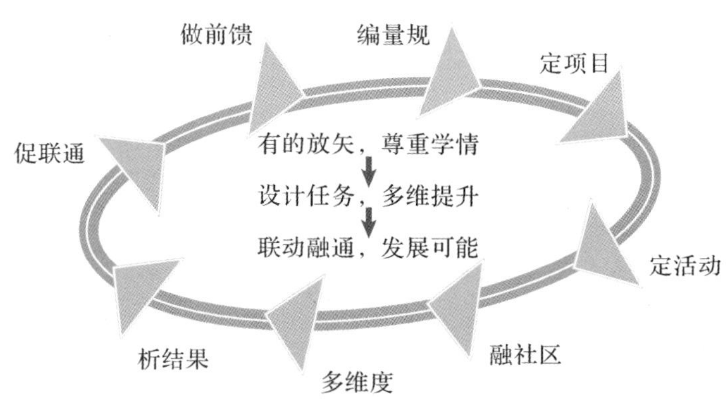

图 5-1-1　互补型学习中心多层面管理部署图

学校利用校社融通的场景开展低段综合素养测评探索，有利于科学有效地检测学生学科核心素养的发展水平，对引领学科的教与学发挥着重要的导向作用。例如，一组学生在超市里从家人口味、营养价值、荤素及色彩搭配、价格合理性等方面进行全面考虑，将自己搭配的食物与组员汇总后，形成一份完整的年夜饭菜单，最后，把按菜单制作的菜品搬上了家里的饭桌。任务单一意味着评价的层面也是单一的，非纸笔测评应打破学科壁垒，将团队合作与个人挑战融为一体，学生可通过真实情境的体验和参与完成挑战。例如，一组学生在文具店里通过礼包制订、寻找商品、计算总价、创意展示等多重任务，再加上主动询问、合作沟通，最终完成考核评价，并亲手为同伴制作新年礼包，此类个性化的方案承载着对同伴满满的关爱。

传统非纸笔测评方案的设计，一般多关注测评实施的前期准备、量规的制定、实施内容的设置等，但对于测评后结果的分析，尤其是根据学生测评结果的反馈进行方案调整却往往不够重视。这一环节的缺失，使得评价的最终意义被消解，导致“只测不评”“只评不析”的结果出现。借助大数据技术和校园智慧教育平台，学生个体和年级的非纸笔测评数据可以得到较为直观、清晰的呈现。学校综合素养评价活动的开展，借助了优质的社区场馆资源，营造了校社互联互通的良好氛围，发挥了多元主体的育人功能，真正实现了“双减”背景下学生发展、教师成长、社校融通等层面的“多增”（见图 5-1-2）。

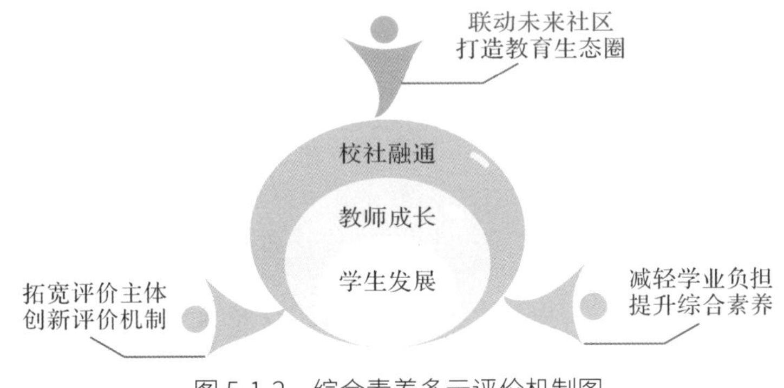

图 5-1-2　综合素养多元评价机制图

（2）基于周边企业单位工作场景，体验职业角色。杭州市澎致小学所在的杨柳郡社区作为浙江省首批未来社区，具有丰富的社区资源。把学校嵌入社区，与社区的关系更加紧密，构成“教育共同体”。

在教育共富的过程中，孩子的职业体验类课程在校内处于空白状态。根据前期调查，学校共发现社区中有 60 余家可作为课程实施场景的商铺，这些资源均有待开发。根据不同类型将这 60 余家商铺进行重组后，围绕“德智体美劳”五大领域设立职业体验的“五大站点”，即“科技创新站”“身心健康站”“劳动技术站”“人文艺术站”“思政德育站”（见图 5-1-3），让学生了解、体验各类职业，锻炼认知水平和实践动手能力，引发学生们对未来职业的构想，树立职业志向，为自己的终身发展奠定良好基础。

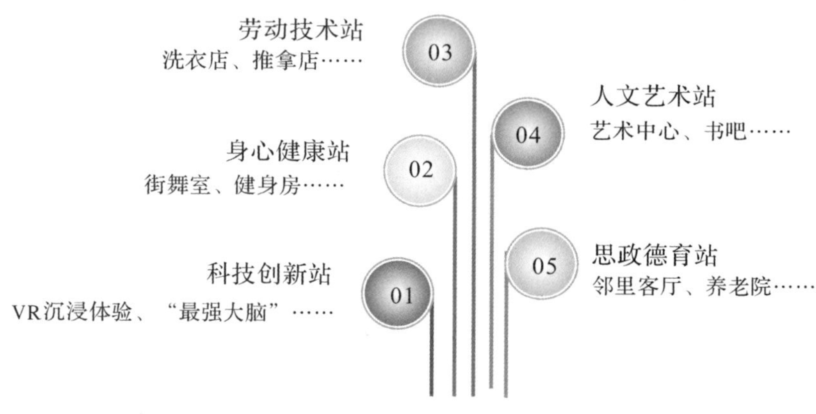

图 5-1-3　五大站点职业体验体系图

例如，学校组织学生前往杭州地铁总部，进行地铁工作人员的职业体验。在杭州地铁的全国共青团优质课程“彩虹课堂”中，学生从“学一学、问一问、做一做”三个角度出发，体验了“观看宣传视频—了解地铁调度—探索列车驾驶—学习如何购票—熟悉安检流程”等环节。在这个过程中，杭州地铁的乘务人员、技术人员成了学生学习体验的对象，学校从地铁工作人员的日常工作、职业标准出发，为学生制订学习活动方案、评价标准等。

2. 辐射型学习中心

各校园的学习中心各具专业特色，校内的学习中心和校外周边区域相互影响，校外资源相互辐射、资源共享，使学生的学习更加深入。

（1）借助社区专业教育资源，普及食育知识。澎致小学“药 · 食探究工坊”

是区政府为民办实事项目，是2020年区教育系统20个特色项目之一，是由区人民教育基金全额拨款创立的供孩子探究学习的阵地。该项目依据中共中央、国务院发布的《“健康中国2030”规划纲要》，针对小学生的心理特点和学习特性，以“中药传统文化”“食品安全”“营养健康”“中华传统餐饮文化”为主题，结合学校特色，整体构建“一厅＋两区＋两室”的多区域学习矩阵，让学生采用交互体验、实践探究的形式进行学习，为项目式学习下的劳动教育提供实践场所。

2021年，“药·食探究工坊”正式与杭州方回春堂国药馆有限公司（以下简称杭州方回春堂）组成共建单位，由外部向内部辐射，进一步升级“药·食探究工坊”。在杭州方回春堂的助力下，“药·食探究工坊”基于对药食的探究，将研究区块划分为食品安全探究区、传统饮食觅寻区、药食种植区和中药文化区。在食品安全探究区，学生可以重点通过模块内容及其掌握的部分事实与概念，奠定研究基础，通过对模块内容中食品优劣的辨别、安全事故的应急处理、不易多食食品的认识等开展探究性学习，并运用工坊中的材料对食品进行检测，建立食品安全与社会的关联。通过传统饮食觅寻区的探究，学生在了解了部分美食文化后能继续在工坊中对中华饮食文化进行深度研究。不仅如此，学生还通过项目式学习与劳动教育，在药食种植区进行实践，体验食物和中药的种植过程。中药文化区则是引导学生以中药药物的药性与名著人物的个性结合的形式来学习各味中药；同时与劳动教育、德育教育结合，使学生将所学知识运用到日常生活中。

不仅如此，杭州方回春堂的药师还会来到“药·食探究工坊”，为澎致小学的学生开展丰富多彩的中药普及课程。学生在校内通过劳动教育活动，利用中药为家长制作“暖心足浴包”，更通过“童眼看世界”活动，了解中草药、穴位、经络等中医知识。

这种由外向内的辐射，可将外部学习资源引入校内，链接师资、拓展知识，促进校内的学习中心跟随外部学习资源不断升级迭代。

（2）发挥新型学习中心主体优势，丰富社区资源。学校利用一楼架空层，打造校内磁场学习空间。校园里有“科技梦工厂”“劳动欢乐谷”“艺术梦城堡”“健体闯关营”“尚德正行社”五大学习社区。在五个社区的引领下，分别建设青少年体育俱乐部、双语悦习馆、“一带一路”研习院、创客中心、“药·食探究工坊”、“STEM 五坊一空间”等场馆。“STEM 五坊一空间”被评为区新型教学空间，它包含陶艺坊、竹艺坊、纸艺坊、布艺坊、研习坊、学生展演空间，课程资源丰富，有馆校共建课程资源、家校共建课程资源、非遗传承课程资源、国家课程资源等。作为未来社区中的未来学校，澎致小学依托嵌入式的地理优势，以“亲社区”为理念，整合校社资源，开放学校各类教学空间、场馆、课程资源，通过校社联动，为学生和家长提供丰富多彩的活动。

3. 共振型学习中心

各校园的学习中心有着丰富的学生活动，与校外社区、企业共振，让学生既能在校内学习中心开展特色活动，又能在校外社区或企业的共享资源中开展活动。

（1）协调校社运动场地资源，打造健体生态。澎致小学建校四年以来，凭借着浓厚的足球文化特色，稳步推进校园足球文化的建设。学校将“以球育德，以球启智，以球健体”作为足球文化的内核，以拼搏奋进的体育精神为导向，通过校园足球运动增强学生体质，树立师生的团队意识，营造健康、和谐的校园文化。同时，学校形成了校足球队、足球特色社团、周边学校邀请赛、班级联赛四位一体的足球文化。

每年 3 月学校会举办“澎超联赛”。联赛旨在激发更多学生对足球的兴趣，提高身体素质。每年的足球联赛也是家校沟通的桥梁，家校参与队旗、队徽设计，开展画足球、说足球、赛足球、写足球、演足球活动。全校所有教师、家长和学生都能参与到足球活动中，每个学生都能在校园足球活动中找到自己的位置，从而体会到足球的乐趣，感受到足球的魅力，形成“人人有足球，班班有球队，年年有展示”的校园足球特色。热烈的校内足球联赛氛围也联动了校外的体育热潮，放学后社区的草地上随处可见学生、家长、居民共同参与足球运动的场景。由此，学校的运动场地也辐射到了校外，与社区运动场地联动，形成健康的健体生态。

（2）链接杨柳郡“尚学通”项目，延展云上学习中心。“尚学通”项目链接校内外资源，数字化场景改革项目开展已有一段时间，澎致小学作为上城区数字化改革试点学校之一，积极推进“尚学通”项目，助力双减工作的有序推进。

在实施过程中，学校广泛征求各方的意见和建议，在区教育局的指导下，逐步将“学后乐园”“星级家长执照”“淘活动”等服务系统上线社区“云尚杨柳”平台，形成校内学后托管和校外假日托管的协同服务体系，优化数字化平台的使用和管理，延展云上学习中心，让数字化平台真正达到服务家长、服务居民的目的。例如，为了方便社区居民及家长选课，拓展选课通道，学校在社区“云尚杨柳”平台端开辟“学后乐园”入口，扩大优质数字平台的受众面，让社区居民体会数改项目带来的便利和实惠（见图 5-1-4）。

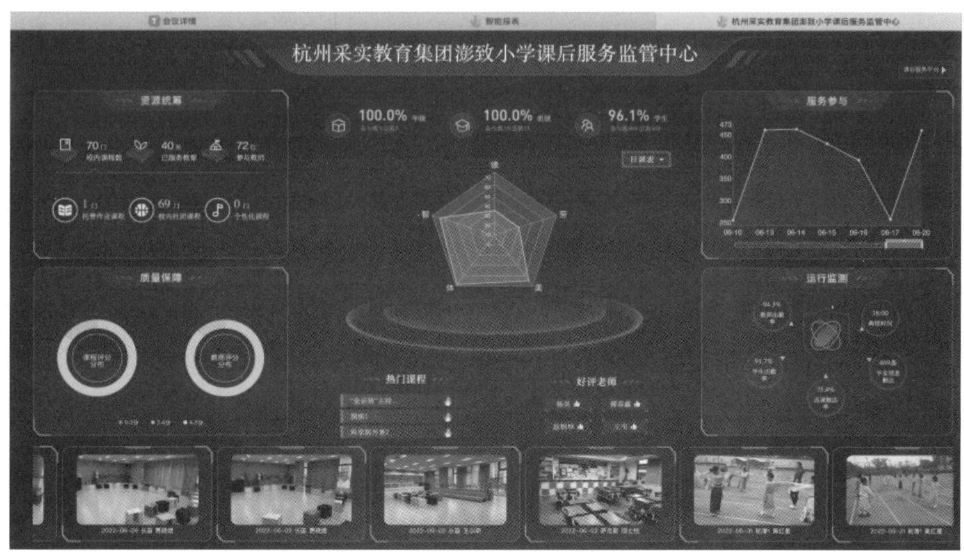

图 5-1-4 “学后乐园”课后服务监管平台

同时，学校也在积极探索，依托数字空间实现校社联动，与社区共同开展相关活动，提升数字平台的承载力和实用性，让数字平台成为打通家校社的重要工具，突破学习边界。以融合育人理念为指引，与社区一起创造学习中心，满足社区多样的学习需求。

四、社区学习中心的运作与管理

为了确保与社区一起创造出来的三类学习中心能常态运作，学校需要和社区周边单位共同维护，形成长效机制，以便最大限度体现学习中心为学习者服务的宗旨。

1. 形成社区会商融通机制

（1）召开多方协调会议。在区教育局的指导下，由学校牵头，邀请街道、社区业委会、邻里学堂、周边单位代表等参与三类学习中心的共同创建营运，实行会商机制，即对本年学习中心运营计划召开研讨会，确定共建学习中心的大事件，明确活动主题、学习对象、活动组织、资源保障、活动评价等。第一学期可结合开学典礼、学科节活动、社区邻里节、元旦迎新活动，全面展示一年来学习中心的运营成果，依托例会机制为学习中心的发展积蓄动力。第二学期可结合“六一”儿童节、校园开放日、期末综合素养测评等活动，进行学习中心中期汇报展示。

（2）建立公约制。学校出台了学习中心向社区居民开放的公约，公约包括中心介绍、文明条例、报名预约、注意事项和赔偿条款五部分，是实现共享共治的重要基础，让使用对象——社区居民成为学习中心共建的主角之一，为学习者搭建思维碰撞、感情交流和才艺展示的学习空间，逐步实现学习中心的自治目标，实现社区共建共享。

2. 建立学习中心运营机制

（1）设立可评价机制。设置学习中心的学习评价机制不是长效运营的重要保障，为了提升社区学习者的体验感和获得感，打通校社积分累积及兑换通道，实现校社互通，可以将区教育局原有的星级家长执照积分与社区积分兑换体系合并，与未来社区积分联通使用，使每一次的学习体验成为现实可见的学习积分，让社区学习者能够通过积分兑换更多优质福利，如学后托管服务费用打折、邻里学堂奖品、商业街购物抵价等，以此激发学习中心的活力，提高学习中心承办各类学习活动的参与度和品质。

（2）制定 yonger 联盟制。澎致小学所处的杨柳郡社区有近 2 万名住户，为了服务体量如此庞大的住户，光靠校内教师资源、校外场馆讲师和社区邻里学堂运维人员等人力可谓是杯水车薪。因此，该校与社区进行合作，沿用其原有的 yonger 联盟志愿者工作机制，同时制订学习中心志愿者工作手册，其中特别明确“轮值馆长制”，即从社区中发掘有意愿、有能力和有资源的“宝藏”居民，颁发轮值馆长荣誉聘书，使其协助三类学习中心课程的实施与保障，确保学习中心运营所需的人、财、物形成长效机制，让三类学习中心真正成为社区学习的中心。

《义务教育课程方案和课程标准（2022 年版）》指出，加强课程内容与学生经验、社会生活的联系，注重培养学生在真实情境中综合运用知识解决问题的能力。这与“将社区建成新型态学习中心”的想法不谋而合，通过与社区一起创造多样的学习中心，用学习空间使学习方式悄然转变，拓宽学校教育资源的边界，引导学生走出书本、走出教室、走出校园，走进丰富多彩的学习中心，在真实情景中培养真本领。

第二节
社区与学校间的互融互通

⊙

过去的每一所学校都是相对封闭的，学校、社区之间的联系和交往是偶然发生的。伴随着当前我国社会政治、经济、文化等各方面的快速发展与变革，教育面临着越来越多的新需求和新挑战，对教育空间的重构迫在眉睫。在构建“学习型社会”的大背景下，打造无边界的“社区学习中心”需要紧密联合多方力量，形成与社区相互融通的育人新场域，指向学生创新创造技能等综合素养和能力的培育，变革学生的学习方式。

杭州市采荷第二小学（简称采荷二小）所处的杭州市上城区荷花塘未来社区，是浙江省首批 24 个未来社区试点之一。学校联合社区精心打造未来教育特色场景，实现“学校在社区中，社区在学校中”的未来教育新型态，将“校本化、生本化、未来化”的学校教育资源进行多渠道传播与分享，与社区共建学习中心。

借助让社区走进学习中心的契机，依靠家校政社协同打造的力量，通过物理空间、虚拟空间和文化空间的建设，未来的社区学习中心将成为四位一体共建共享、分级管理的教育新生态（见图 5-2-1）。

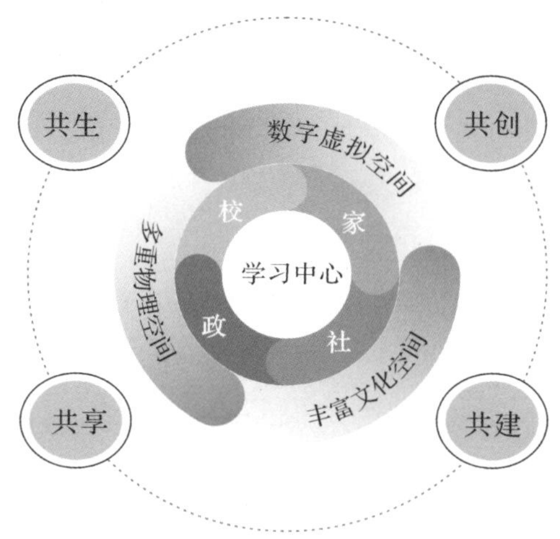

图 5-2-1　未来社区学习中心打造模式

一、社区学习中心的物理空间

学习是在具体情境中发生的，学生的知识也是在情境中构建的，通过创设真实的学习情境，引导学生以任务驱动的方式开展学习活动，学习中心要充分利用物理空间的功能布局，整合优质资源，多维打造既具有学校特质，又符合教育规律和学生身心发展特点的特色学习场。

然而，校内学生的学习活动大多发生在秧田式的传统教室里，不适应新型学习方式的需要。为扩充学习中心的物理空间，社区可统筹文化设施、公共用房、楼宇连廊等空间资源，因地制宜设置学习空间，营造多点辐射分布的结构模式，营造与学习活动适切的人文环境，强调情境性、开放性和交互性。并通过社区智慧服务平台提供“学习地图”，鼓励空间功能复合利用，扩大学习场，将学习空间融入生活空间进行再构建，使新构建的学习场更加形象具体、贴近生活。

1. 场室特色空间打造

特色空间，即社区学习中心利用物理空间的功能布局，将教室打造为多元开放的特色学习空间，形成复合式、无边界、智慧型的学习空间，为区域内学生提供一个可体验、可实践的共享环境。

在政府支持、学校主导、家庭参与、社会助力的大教育观背景下，暑期托管学习中心应运而生。为满足该教育活动所需的物理空间需求，杭州市采荷二小在校内着力打造特色教育场室。依托社区力量，利用社区周边的公共资源和学校教育优势，学校因地制宜地营造多点分布的学习空间结构模式，与社区合理共享时空，为社区新型态学习中心指导构建教育共同体。

案例 5-2-1 “民呼我为”，缤纷一“夏”——采荷暑期托管学习中心

杭州市采荷第二小学的暑期托管服务通过家校政社赋能，打造幸福邻里坊，课程设置立足学校五育融合“乐学”课程体系，充分发挥采荷街道资源，开设“双师”课堂（学校教师、社区“大先生”）（见链接 5-2-1），结合学校精品课程，融“双 yun”（荷韵课程与宋韵文化），开设宋韵荷风系列课程，如诗词吟唱、中国结、陀螺制作；科技创享系列课程，如纸桥承重、摩登高塔；缤纷运动系列课程，如快乐篮球、绳舞飞扬等，开展红色基地外出实践参观活动，爱心定制暑期托管拓展性课程，为学生打造缤纷一夏（见表 5-2-1）。

链接 5-2-1 采荷二小社区“大先生”

表 5-2-1　2022 年采荷二小暑托点第一期拓展课程安排表

日期	上午		下午	
	类别	课程名称	类别	课程名称
7.18	音乐	亚运歌曲吟唱（1）	音乐	亚运歌曲吟唱（2）

续表

日期	上午		下午	
	类别	课程名称	类别	课程名称
7.19	科技	亚运纸桥（1）	科技	亚运纸桥（2）
7.20	科技	建高塔（1）	科技	建高塔（2）
7.21	体育	运动小游戏	体育	快乐篮球
7.22	艺术创享	宋韵荷风指尖陀螺	音乐	宋韵诗词吟唱
7.25	美术	大暑	美术	清凉一夏
7.26	艺术创享	变废为宝（1）	艺术创享	变废为宝（2）
7.27	体育	体育人物	思维	智力大比拼
7.28	陶塑	红色印记	艺术创享	宋韵荷风缤纷彩瓶
7.29	编织	宋韵荷风中国结	艺术创享	夏日团扇

（杭州市采荷第二小学）

该案例中杭州市采荷第二小学联合采荷街道、晓荷家委会联动打造“大先生项目”，该项目以学校大先生和社区大先生两条名师主线构成“双先生制”，共同开发系列课程。做到以月为单位，创建研学主题；以周为单位，组织各类活动，让社区学习以多种形式融入学校学习，“淘”学生所爱，“淘”家长所需。每周、每月坚持开课，线上线下惠及千余人，深受家长和孩子们的喜爱。

在家校政社协同育人教育理念的指引下，托管学习中心充分利用学校、社区的空间资源，多维创设既体现学校特色、适应学生身心发展特点，又能满足社区学生学习需求的优质学习场。

2. 室外开放场域运营

社区为学习中心打造的开放场域建设，每一面墙、每一处景都应发挥育人功效，每一片空地、每一条走廊都需充满学习元素，全面融入学习资源和学校的育人愿景，弥补室内场馆的空间局限与交互阻隔，为每一位学生提供丰富的学习机会。室外开放场域的社区学习中心，应努力实现开放化、多元化的多功能复合场景，尝试打破教室空间架构和功能使用的惯性思维，体现社会育人理念，培育社会需要的人才。

二、社区学习中心的文化空间

文化空间建设包括理念文化、课程文化、精神文化等方面的建设。以理念文化为中心和起点，统领文化场域，向课程文化、精神文化等方面不断拓展。

1. 地域文化

广义的地域文化特指中华大地不同区域的人民创造的物质财富和精神财富的总和，在时间上是指从古至今的一切文化遗产。

社区作为地域文化传承的场所，在文化建设上应当发挥举足轻重的作用。在过去，社区内开展的与地域文化相关的文娱活动缺乏专业人员的指导和组织。乡村依托文化礼堂，城市依托物业工作人员，无形中造成了地域文化在居民生活中的缺失。而学校作为天然的地域文化主阵地，却成为社区中的孤岛，因其相对封闭的特性，与社会隔绝，没有发挥应有的引领文化的功能。

将来，社区作为校社融通的新型学习中心建设力量，将参与社会文化环境建设工程，不断打造区块链新课程，形成多元的教育组织方式，构建区域文化命运共同体。

2. 地方智效新课程

地方智效新课程是学习中心在社区的支援下，与社区力量共同创建多学科交叉融合的体现地域文化的特色新学科。学习中心提供场地、师资、课程等教育资源，引领地域文化新秩序，也将成为文化传承和发展的主阵地。因此，社区学习中心应参与到地域文化共建工作中来，共同挖掘、研究、保护地域文化，进行课题研究，以地域文化哺育、滋养学校文化；同时，学习中心应在社区的支援下，创建多学科交叉融合的地域文化特色学科，积极进行研究、整理、开发、保护地域文化。

课程是落实教育的核心，社区学习中心作为地方课程、校本课程的开发者和实践者，应着力挖掘课程资源，开发居民喜闻乐见的课程，满足居民个性化发展的需要，以课程文化的力量充盈学习中心的文化空间。

上城区位于杭州市主城区的核心地带，有着深厚的历史底蕴和独特的区位优势，同时也是焕发着创新活力的现代化区域，蕴含着丰富的文化资源。对这些文化空间的开发将为学习中心地方课程的教学提供有力支撑，在丰富师生校园生活的同时也丰富着居民的精神生活。学习中心可以组织居民参观景点，亲近文物，拥抱古迹，通过这种综合实践性的参观游览，加深居民对地域文化的直观了解，激发热爱家乡之情和研究乡土文化的浓厚兴趣。

综上所述，社区学习中心可以通过丰富的课程与活动，借助合作小组等多元的教育组织方式，满足全龄段社区居民的多样化、个性化的教育需求。例如，开设思想道德类、生活科普类、艺术文化类等课程；开展文学阅读类、文化艺术类、仪式教育等活动；形成亲子教育互动小组、非遗技艺传承小组和技能交换合作小组等三类合作小组。又如，积极引入社会组织，通过政府购买服务、基金支持、企业赞助等方式，常态化地组织与开展教育活动。再如，通过建立社区与兴趣培训机构合作机制，借助精品体验课、线上线下混合式教学以及微课堂等模式提供教育产品和服务。

3. 终身学习体系

人类学家玛格丽特·米德曾经说过：“把所有游戏和学习放在童年，所有工作塞进中年，所有遗憾留给老年，这是极端错误和非常武断的做法。”每个人在一生中的各个阶段都不可以放弃学习，因为根据大脑“用进废退”的理论，人类一生都需要探索新的知识，以锻炼、开拓新思维。

20 世纪 70 年代初，联合国教科文组织发布的报告《学会生存：教育世界的今天和明天》中明确要求“把终身教育作为发达国家和发展中国家在今后若干年内制订教育发展方针的主导思想”。这些年，终身教育在我国也越来越受重视。2015 年《关于修改〈中华人民共和国教育法〉的决定》明确提出要完善现代国民教育体系、健全终身教育体系。党的十九届四中全会通过的《中共中央关于坚持和完善中国特色社会主义制度、推进国家治理体系和治理能力现代化若干重大问题的决定》中明确提出要构建服务全民终身学习的教育体系。因此，加快构建终身教育体系，加快相关法律法规建设是推进教育现代化和深化教育改革的重要方面。

在政府的引领下，为健全居民终身教育体系服务，作为支持学习终身化的重点实践单元，杭州市采荷第二小学联合采荷街道、晓荷家委会联动打造晓荷书房名师工作站，构建“一组、一委、一荟”的家庭教育指导服务共同体。其中，“晓荷名师荟”又以“学校大先生”和“社区大先生”两条名师主线构成“双先生制”，共同开发系列融课程，提供课程菜单，做到月月有主题、周周有活动，供居民自主选择。晓荷书房的打造，将非遗文化、学习资源融入学校教育和社区生活，让学习走出学校，走进社区，完善学习终身化体系建设。

学习终身化在我国不仅受到师资力量缺乏、场地资金匮乏的限制，还因教育者观念淡薄、课程单一落后等原因阻碍了它的发展。现基于未来社区的打造，依靠校社融通力量建立的新型学习中心，在服务终身学习上具有以下几点优势。

第一，化解终身学习与场地不足的矛盾，提供“复合型”的文化空间。依托社区智慧服务平台，采取错时共享方式双向开放，运用智慧化手段实现全智能化服务体验，使基础维护更便捷，运营方式更多元，节点化管理更可靠，量化数据更准确。

第二，破解居民个性化需求与课程单一的矛盾，打造“全覆盖”的终身学习课程。课程设置应坚持“把学员放在课程中央”的核心思想，坚持“让课程适合学员需求”的理念宗旨以及坚持“为每位学员提供适合的教育”的价值追求。课程主要包括幼托服务、幼小教育服务、中小学教育服务以及其他教育服务四个方面。通过开发多元课程、集成优质线上课程等，完善课程体系，实现人人有合适的课程，课程能育“全人”的目标。

第三，化解共生发展与师资力量缺乏的矛盾，配置高品位的“大先生”教师。一是学习中心的师资队伍具备“线上辅导老师＋线下授课老师”“社区老师＋学校老师”的特色。他们能够独立进行“混龄式”“项目式”“合作式”教学，主要通过赋能虚拟与现实、远程教学和个人设备等方式来达到在线实训、资源共享和寓教于乐的目的，进而取得更大突破、更快提效和更新体验的效果。二是学习中心有来自社区、学校和社会的有品格、有品行和有品位的“大先生”。学习中心通过建立社区“大先生”资源库，丰富教师类型，为学习者提供教育服务；又如，通过“社区达人资源库”，提供专业技能与知识的入门级服务；再如，依托学习中心，引入培训机构，提供专业的培训服务。

三、社区学习中心的虚拟空间

依托现代技术，社区学习中心成为人机共育中心、智慧协作中心。布局以实体空间为基础，结合在线教育等形式实现教育全要素的互联，贯通学校与家庭、社区，线上与线下，校内与校外，课前与课后等全时空融合互通，形成虚实结合的开放校园生态结构，使学习呈现多样态、多空间联动状态。通过 5G 技术，实现一键求简、一码全通等功能，让学校、社区、家庭零距离联结；编制交互化、场景化学习软件，实现信息技术与教学模式深度融合；建立数据中心，让家校社评价一体化。

1. 社区教育软件开发

把握全球人工智能发展态势，找准突破口和主攻方向，培养大批具有创新能力和合作精神的人工智能高端人才，这是教育的重要使命。中国高度重视人工智能对教育的深刻影响，积极推动人工智能和教育的深度融合，促进教育变革创新，充分发挥人工智能优势，加快发展适合每个人的教育和更加开放灵活的教育。学习中心提供的智慧教育软件是未来社区智慧学习环境的重要组成部分，应紧密结合居民的学习需求，为居民学习活动提供实现学习目标的多元手段和技术保障。例如，借助 VR 技术，优化居民学习的体验感；借助共享技术，增强居民学习的包容性；借助白板交互技术，拓展居民学习的思维性和互动性。

杭州市采荷第二小学作为浙江省数字社会未来教育重点场景先行建设单位，非常重视教育信息化的推进，在原有数字校园、智慧校园、采二大脑的基础上，进一步探索出“六体魔方”平台（见图 5-2-2）。

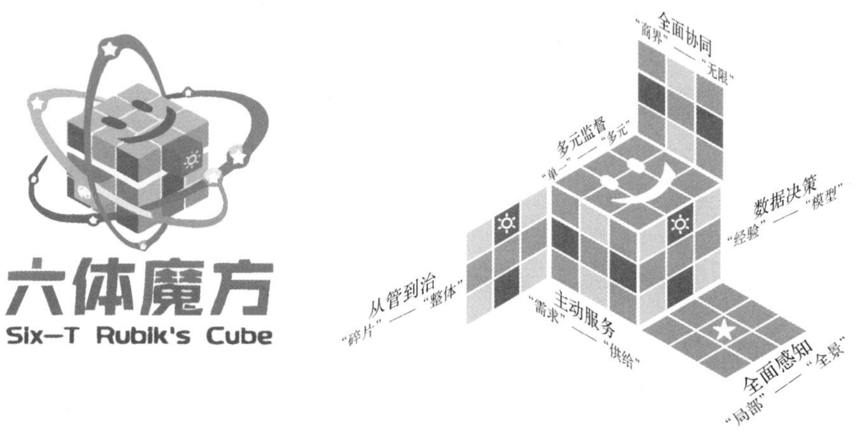

图 5-2-2　杭州市采荷第二小学“六体魔方”

杭州市采荷第二小学“六体魔方”有四大关键能力，即全面感知、智能推送、智慧决策和多元共享。一秒入校、今日防疫、德育评价、AI 课堂、数智长廊、人员密集度预警等功能实现了未来虚拟空间的校社融通。基于“六体魔方”的未来学校建设设想，让学校智治看得见，让教育服务看得见，让社区新型态学习中心成为校社通融的人机共育中心和智慧协作中心。

2. 社区在线教育平台

泛在学习（U-Learning），是指无处不在、无时不在的学习，学习者可以在任意时间、任意地点，以任意的方式获取所需的学习资源，突破时空的限制，真正实现以学习者为中心的学习。未来的学习中心以其技术手段为该学习方式的实现提供了可能。人机结合的学习方式将在未来发挥更大作用，未来学习中心将研发独立的具有个性的课程资源，同国家课程资源有机结合，通过网络指导学习者进行学习。因此，未来学习中心为居民提供的泛在学习有以下显著特征：一是学习时间弹性化、自由化，不必在固定的时间准时上课，可以自主安排线上学习时间和学习内容，也可以在线预约学习指导者或学习实践场所进行线下学习；二是学习空间多元化，学习者不需要到固定的教室座位学习，可以通过网络教育资源，随处展开学习。

为切实推进区域教育优质均衡发展，共建共享优质教育资源，建立服务于学习者个性化需求的综合性支撑体系，学习中心将向社区居民开放精品网络课程，满足居民个性化的学习需求。这些网络课程覆盖全年段，主题涵盖人文艺术、戏曲鉴赏、科学探索、数学实验等多方面，学习者可以随时登录网络课程平台进行线上学习。

3. 社区教育虚拟空间

虚拟空间记录社区教师的发展轨迹，根据教师的教学能力，通过教师考核、考勤、带班学生成绩等一系列数据，生成教师的可视化图表，使教师专业能力发展有迹可循（见图 5-2-3）。

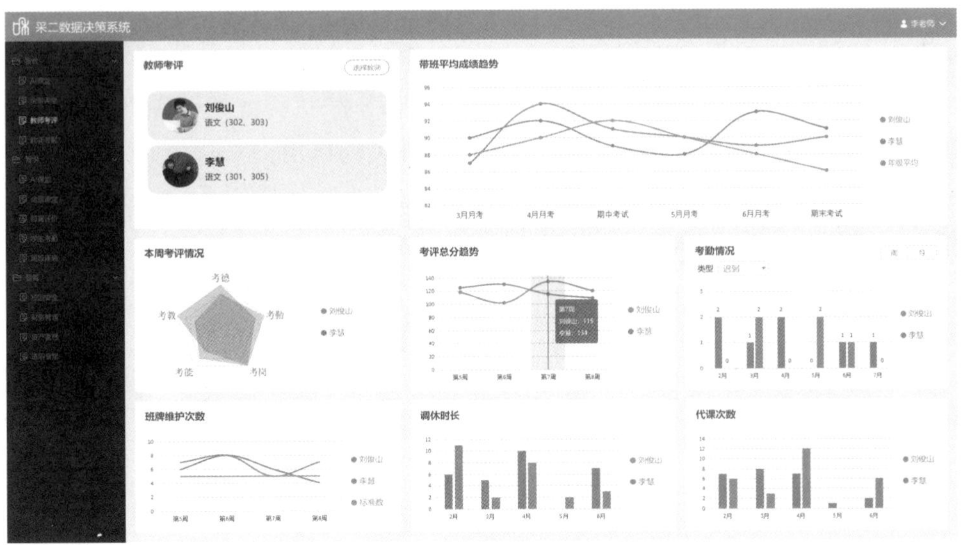

图 5-2-3　教师发展轨迹图表

在课堂可视化方面，虚拟空间可建立学习中心智慧班组群。借助贴合建构主义教学法的全场景教学软件，以课程为中心，无固定流程、社交化设计，联通师生，打通课堂教学各环节。通过互动教学软件、研讨协作和无线投屏等方式，采集教学数据，提升教学效率，实现信息技术与教学模式的深度融合，打造新型教学空间，构建多终端支持教学全流程。

此外，虚拟空间还将全面记录学习中心学生的成长轨迹，实现评价可视化。虚拟空间将学习生活和家庭生活的点点滴滴汇总成学生成长档案，可供学生下载打印，为学习中心培养学生提供有效的数据支撑，同时也为学生保留成长痕迹，主要汇总数据包含德育评价数据、学业评价数据、安全健康数据、日常班级分享数据等。电子学生证是学生在学习中心的身份证，家长可通过电子学生证查询并下载孩子的成长档案。

4. 社区教育智能物联网

物联网最初的定义是通过各类可能的网络接入，实现物与物、物与人的泛在连接，实现对物品和过程的智能化感知、识别和管理，通俗来看就是实现物物相连、物人相连的互联网。

在物联网产业化加速的今天，物联网方案也开始向教育领域渗透，并充分发挥其优势，提高教育资源管理的效率。教学模式从“一支粉笔走天下”发展到信息化改革，数据驱动将在这一过程中发挥关键作用。物联网与教育行业相结合，基于物联网信息技术和 5G 技术，社区新型态学习中心牵头各部门，为学习中心以及各个学习空间来访者提供一键求简、一码全通等服务。例如，杭州市采荷第二小学未来学校搭建智能物联网，共享图书馆服务，全方位提高了图书馆的资源使用效率。

案例 5-2-2 杭州市采荷第二小学未来学校共享图书馆

居民通过邻里 App 预约图书馆服务，App 扫码或刷身份证入馆。根据图书馆实际占地面积进行人数限制，以提高阅读效率。实施分时限流管理，学校上课时段主要满足学校需求，减少居民可预约量；非上课时段可面向全部居民开放，最大预约量为图书馆最大承载量。居民可通过邻里 App 随时随地自助借阅、自助办证（见图 5-2-4）。

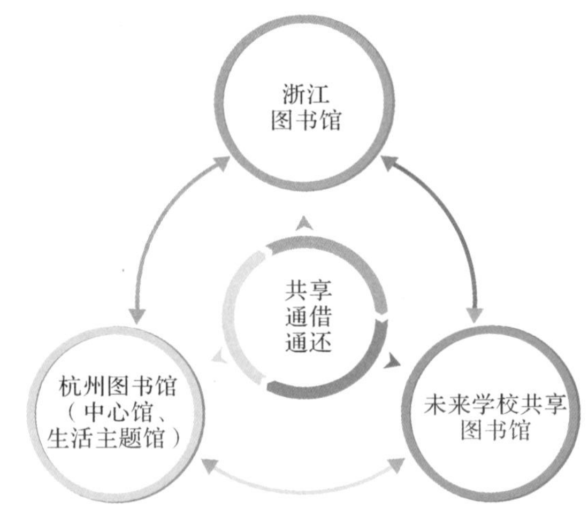

图 5-2-4　杭州市采荷第二小学未来学校共享图书馆

（杭州市采荷第二小学未来学校）

杭州市采荷第二小学通过智慧学习平台，使得学习者能随时掌握共享图书馆内物理空间的开放和使用情况，并根据自身需求，凭借个人身份码申请调度使用，大大提高了图书馆使用和管理的效率。学生放学后以及放假时，学习场资源将不再浪费，共享图书馆将成为社区全龄段学习者学习、交流的文化场。

不论是学校还是社区，在发展中都把对方的发展当成自己发展的一部分，在学校和社区的发展计划中，都应把对方作为一个重要的组成部分列入。未来学习中心通过物理空间、虚拟空间和文化空间的三方位建设，能形成共建共享、分级管理的教育新生态。随着信息化时代的到来，家校政社四方将统一规划，共同研发学习资源，建立校社共享的教育资源服务中心，共享课程、教学、师资等学习资源，为学生及居民提供优质的学习支持服务，实现教育资源与利益的共享、共融、共用。

第六章
共享：让学生在域内自由学习

区域学习中心的建设已成为教育改革的重点内容，要以区域的视角推进学习中心建设，促进课程的改革与发展。共建区域学习中心有利于促进区域的融合、学校的发展以及学生各方面能力的提升，让学生在域内自由学习。本章先阐述了区域学习中心的设计思路，介绍上城区以设计思路为导向，形成科学的区域学习中心工作机制以及运行与管理模式，从而打造系统的区域学习中心平台。根据以上思路与原则，本章列举了不同类型的区域学习中心应用范式，从多维资源、学习应用等多方面展现学习中心的典型范式。

第一节 共建区级全域学习中心

⊙

自2011年浙江省全省深化课程改革启动以来，上城区课程改革也进入了新的时期，从区域视角启动了推进学习中心建设的研究，从而推进了区域课程改革和学习方式的变革。

一、共建共享：区域学习中心的设计

聚焦于实践性功能、支持性功能和研究性功能的区域学习中心，是社会教育资源和学校教育资源互通，正式学习与非正式学习融为一体的新型学习空间。上城教育积极打造优质教育，促进教育公平和教育质量提升，让学生在区域内自由学习，实现区域教育高位均衡发展，形成各具特色的多元教育格局。

1. 区域学习中心的设计思路

上城教育期望以区域学习中心作为推动学生发展的载体，为学生提供真

实有价值的学习新时空，点燃学生的学习热情，使学生更好地适应未来社会生活。

（1）从区域整体发展思考。上城区有着悠久的教育历史，区域内各个学校在发展历程、办学特色、师资水平等方面均存在差异。基于校本资源的学习中心建设，借助于区域教育行政部门出台的相关政策法规，在区域层面分批推进，统筹规划，合理安排，实现教育资源优化配置，以整体联动区域教育。

（2）从儿童发展的需求思考。儿童在其成长的不同阶段，需要具备不同的学科知识和学习经验。学习中心既要确保为儿童提供其终身发展所需的基本经验和机会，也要满足个体儿童的特殊需要；既要有面向全体儿童，提供促进儿童基本发展的共性课程，又要有因校而异、因人而异，尊重儿童的个性化发展的课程。它着眼于儿童经验的扩展、提升，满足儿童的兴趣及特殊需要，尊重儿童学习的自主性以及儿童的选择权，使之形成具备个性化风格和发展特色的学习中心。

2. 区域学习中心的实施原则

区域学习中心尝试在以创新品质与创新能力为核心的学生创新素养方面进行探索，在时空建设、学习目标、内容序列、学科融合、学生评价、技术支撑、走校学习等领域开展积极的研究。

（1）分类建设。按照区域学习中心“运行机制强、课程建设强、服务学生强”的整体要求，指导学校选择社会实践类、个性发展类和学科拓展类领域，结合学校办学特色开展学习中心建设。建立健全包含空间建设、学生服务、运行机制的工作标准，同时每学年按照星级评定的方式开展分级认定工作。

（2）分层实施。采取试点学校先行的方式推进改革工作，区域组织 2—3 轮学习中心申报工作，申报学习中心的学校要制订详尽的实施方案，发挥好先行引领作用。坚持问题导向和效果导向，整合区域内的教研、科研、信息化专业力量，形成研究助力方案，根据不同类型学习中心的需求，提供个性化服务。

（3）协同推进。发挥好教育行政部门的主导作用，充分利用各学习中心在空间、课程、师资等方面的资源优势，促进博物馆、企业、高校、科研院所共同参与建设，形成各尽其责、共建共治的新格局，将区域优质教育资源惠及更多学生。

二、动态协同：区域学习中心的支持

区域学习中心建设作为区域性的整体工作，想要有序、高效地推进需要各部门的协调支持，需要各项工作的政策保障。

1. 区域学习中心的工作机制

作为区域学习中心管理部门的区教育学院，在其发展过程的不同阶段应采取动态助力发展的工作机制。

（1）建立常态培育机制。采取理论培训与实践指导相结合、专家引领与互动交流相结合，集中学习与展示活动相结合等形式，加强学习中心成长营建设，推进学习中心建设工作的规范化、特色化、高质量化发展。

（2）建立多元考评制度。实施多维度考核评价，综合运用考核与评估、定量与定性、过程与绩效、自评与互评、线上与线下相结合的方式，提高学习中心评定工作的科学性。

（3）建立动态升降级制度。每学年末，区教育学院通过综合考评，按照一定比例将一星级和二星级学习中心分别晋升为二星级和三星级学习中心，将评估不合格的学习中心降格为待评学习中心，通过动态管理促进学习中心建设品质的持续提升。

2. 区域学习中心的保障机制

区域学习中心建设要把握育人方向，全过程融入爱国主义、社会主义核心价值观等元素，促进学教方式变革。通过培养学生的创新素质、合作与沟通等素养，提升其终身学习能力，助力区域教育服务品质的升华。

(1) 健全治理服务体系。上城区定位区域学习中心建设标准，构建学习中心建设的基本操作模式，为各校推进学习中心建设提供研究和实践的指南；加大经费投入，支持学习中心课程建设和教师研修，统筹推进区域内优质教育资源调配；继续试点先行、逐步推广的工作思路，形成典型培育和区域推进的工作机制，探索建立高等院校、科研院所、企业与学习中心的良性互动机制，发挥社会力量在学习中心建设中的作用；开辟教师专业成长特殊通道，鼓励教师提升跨学科教学能力，支持有个性、有特长的教师担任学习中心首席教师，建立实施和评估连贯的课程和教学指导，为教师提供可操作性的教学反馈指导和绩效评估方案。

(2) 实施空间提升计划。为完善和推进区域学习中心建设规划，根据未来学习需要，上城区分步对传统教室进行改造，使之布局合理、功能齐全；借助图书资源、学习（实验）器材、多媒体学习资源等创建浓厚的学习氛围，为教师灵活选择知识讲授、分组讨论（实验）等教学方式提供便利，为学生开展实验探究、小组合作等学习活动创造条件；根据学习内容，拓展延伸学习中心的空间，使之与大自然、社区、学校的其他功能区块实现互联互通。

(3) 开展课程教学改革。上城区出台学习中心课程实施教学指南，突出五育融合理念，形成区域纵向衔接的课程体系框架；指导各学习中心科学设计课程计划，合理安排学科主题和课程模块；以项目化学习为重要手段，探索学习任务单、混龄学习、协作学习等多种研究性学习方式，由以教为中心向以学为中心转变；根据不同课程主题的特点，突破固定课时安排，灵活设置长短课、大小课和阶段性课程，在自主探究和问题解决中实现创新能力的可持续发展；通过表现性评价、增值性评价等多元评价方式，开发有效评价指标和评价工具，激发学生内在学习动机，提升创新能力和沟通合作能力等方面的学习素养。

(4) 推进虚拟网校建设。依托之江汇教育广场，上城区建设了集学习资源、诊断评价和匹配推送为特征的上城区学习中心虚拟网校；集聚区内各学习中心的优质课程资源，逐步形成 PC 端、平板端和手机端等多终端一体化的学习资源网络；推出学习中心教育资源地图，满足学生的自主学习需求；探索和实践网络同步课程，发挥线上学习的优势，探索混合式学习模式，培养学生自主学习能力。

（5）探索跨校学习路径。学习中心实施开放课程机制，全区学生可通过之江汇等网络选课平台，在各学习中心课程中自主申报学习项目；采取区域组织安排的方式，分批次组织学生参与线下学习活动；以学校自主对接安排的方式，由学习中心周边学校组织学生参与学习中心的线下教学活动。

（6）强化馆校合作机制。学习中心要联动省市博物馆，结合学生认知规律和学习中心课程安排的需要，充分挖掘并利用博物馆资源，综合运用多种方式，开展富有趣味性、互动性和体验性的学习活动。小学段学习中心要利用托管时间，推进中心内课程和“博物馆进校园”项目的设计研发和组织实施。

三、统筹个性：区域学习中心的运行与管理

区域学习中心是对传统学校教育模式的系统性重构，是一个开放式的学习综合体。区域学习中心的实践，联通了各类教育资源，转换了育人方式，形成了协同育人的机制。区域学习中心的研究聚焦于课程改革，从保障、实施、治理等领域提出了三大体系建设，具体结构和发展指向见区域学习中心共建共享的运作机制图（见图 6-1-1）。

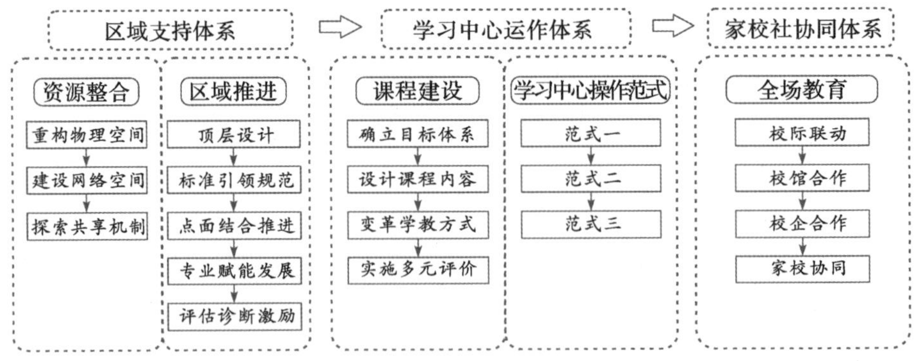

图 6-1-1　区域学习中心共建共享的运作机制图

1. 区域学习中心的运行机制

区域学习中心在运作过程中，将学习空间和特色课程两个方面的建设作为抓手，来促进区域内学生健康、全面且有个性地成长。

（1）打造指向个性教育的学习空间。区域学习中心的两维是指实体与虚拟两个维度，不同维度空间发挥不同的功能作用。实体空间主要是指真实存在的物理空间，注重空间的可重构性和课桌椅等设施设备的可重构性，以支持师生、生生间开展面对面的协同学习。虚拟空间主要指网络课程平台，与物理空间的建设相呼应，构成无缝融合的学习空间，使学习者能够轻松、有效、投入地开展正式和非正式学习，真正实现泛在学习。

区域学习中心是具备人本化、开放化、智能化特性的空间样态。人本化即要保证学生始终处于学习的中心位置，全方位、全过程、全覆盖地支撑每一位学生随时随地以便捷的形式进行创新学习和体验。开放化是汇聚一切创新资源与工具的立体集成空间，共同支持学生开展创新学习。智能化是指通过计算机网络、虚拟现实、增强现实等技术的应用，为学习中心的学习活动提供信息通道和内容。“五大场景”即构建以乐创空间、科创空间、文创空间、慧创空间、融创空间的五大场景创新为重点的集成系统，打造有归属感、舒适感和未来感的新型学习功能单元，为学习方式变革提供可能。

（2）实施促进差异发展的课程体系。2019 年，上城区从区域视角出发对 4 个区域直接管理的学习中心和 22 个学校承建的学习中心进行资源整合梳理，并就从精品区域课程走向学习中心课程的转变进行了交流研讨，逐步形成了上城区三大“学习中心群”，即科学创造学习中心群、人文艺术学习中心群、社会参与学习中心群，形成了指向创新素养培育的课程集群。同时，努力推进学习内容的个性化，以满足个别化需要为出发点，确定个人定制的内容。根据这一理念，上城区每个学习中心的课程分为素养课程和特需课程。根据课程目标和时空特点，通过多样而灵活的应用，形成以项目学习为主，以泛在学习、具身学习、游戏化学习为辅的多样态学习方式。

2. 区域学习中心的管理策略

区域学习中心从宏观、中观和微观三个层面上分层推进，强调宏观、中观、微观层面上的地方政府、业务行政部门、学校协同推进。在这个过程中，地方政府是统筹，业务行政部门是中枢，学校是主体，责任不同，重心各异，通过交错互动，层层推进，三方联动，共同促进区域学习中心的建设。

就三层面的职责来说，教育行政部门负责顶层设计和运行监督，专业研究机构参与区域学习中心建设的全过程，并为学习中心提供专业指导和教师培训；地方政府负责制订区域学习中心建设规划和以标准引领学习中心规范建设；承办学校则在本校时空内，一方面制订并落实本单位学习中心建设的基本要求，另一方面，也要在规范允许的框架内，按照自身条件实施“自选动作”。其中学校与区域的职责较复杂，二者的具体职责介绍如下。

（1）地方政府负责顶层设计。上城区高度重视和关注区域学习中心建设，将其纳入全区工作要点来推进，为此成立由区教育局局长担任组长的区域学习中心建设领导小组，区域学习中心建设专家智库和区域学习中心建设课程指导组，对有序推进这项工作的指导思想、行动策略、组织管理、评估激励等内容做出相应的安排和部署，并对区教育局职能科室、教科研机构、青少年活动中心和学校的职责提出明确的要求。区域学习中心建设领导小组办公室设置在义务教育科，负责日常工作，定期召开工作会议，研判进展情况，解决工作难点。

①制订区域学习中心建设规划。通过适当的政策有计划、有步骤地推进区域学习中心规划，内容包括布局规划、课程改革、教师队伍、空间建设、技术支持和经费保障等。为落实好规划，每年学习中心建设领导小组还要制订年度工作计划，确定年度工作重点、任务分工及完成任务的时间节点，确保各项工作按时落地。

②以标准引领学习中心规范建设。为解决承办学校在开展区域学习中心建设时各自为政、思路不清的问题，上城区借助标准化的手段，学习借鉴国内外学习中心的优秀成果，进行本土化运用，制定《深入推进上城区区域学习中心

建设的实施意见》，明确学习中心建设的理念目标和任务体系。精心设计区域学习中心建设标准（见链接 6-1-1），明确学习中心的建设空间设计、教育服务、组织管理 3 大方面、10 个维度、25 个指标的日常工作要求，为建设面向全区开放的学习中心提供标准化操作指南。

链接 6-1-1
上城区学习中心建设标准（2020 版）

(2) 学校开展自主探索。学校是学习中心建设最重要的主体，没有学校的积极参与和创新思维，区域学习中心建设只能停留在文本上。各校把学习中心建设作为推进教育教学改革工作的重要内容，加强学习和研究，建立领导机构和工作小组，由分管教育教学的校长担任工作组组长，校长做到重要环节、重要任务亲自部署，切实落实各项工作部署。承办学校推进学习中心建设的核心要素是学习中心课程设计和学习中心空间建设等。

①打造高品质课程。课程是学习中心服务学生个性化成长最主要的产品，学校进行学习中心建设，必须将课程整体设计和实施作为最关键的工作。要对课程进行整体设计，就要以学习素养尤其是创新素养培养作为出发点，以学校的特色优势课程为依托，系统设计课程目标、课程结构、课程实施建议和评价等内容。

区域学习中心的课程建设坚持以学生发展为中心的理念，以共享共建、学习要素高度互动的活动空间为育人新场域，指向学生创新、创造技能等综合素养与能力的培育。因此，区域学习中心的课程建设强调协同、探究，以项目化学习为重要载体，探索学习任务单、混龄学习、协作学习等多种研究性学习方式，依据学习中心的课程设计原则，在学习中心区域视角下搭建课程设计的框架，具体阐述区域学习中心课程开发的路径。上城区通过为学生提供真实的学习场域，点燃学生内在成长驱动力，激发学生创造性潜能，逐渐从以教为中心向以学为中心转变。

②构建学习空间。根据未来学习需要，上城区在硬件上借助各项器材、学习资源对传统教室进行布局上的调整及改造，为学生创建浓厚的学习氛围。同时，充分考虑小组合作的需求，为小组探究学习提供便利条件。此外，学习空间

的建设还为教师开展集体教学、分组研讨等多样化的学习方式创造了条件。在空间的设计上以开放的视角拓展学习中心的物理空间，多与社区、社会、大自然等空间实现联通，创设真实的学习情境。这样的学习空间重构，使学生学会使用各种现代学习方法、学习工具，不被时代所淘汰。更重要的是让学生能够保持学习的动力与好奇心，把学习当作生活与交往的重要内容，从而真正实现让学生学会学习。

案例 6-1-1 “小达人学习中心”

“小达人学习中心”实现了虚拟空间与实体场所的资源共享。小达人 MOOC 空间在虚拟的网络世界为儿童建立了一个可随时获取数字化科学教育资源的学习空间，小达人 GAME 体验以达人实验室作为主要的实体科学教育场所，为区域内儿童提供了专门的科学探究场地，这里有量杯、天平、显微镜等科学探究活动必备的科学仪器和器材，营造出充满科学色彩的探究环境，又能够满足区域内儿童在科学探究活动中对科学探究场地的需求（见链接 6-1-2）。

链接 6-1-2
喜洋洋幼儿园
小达人

（杭州市喜洋洋幼儿园）

该案例中，实体科学教育场所和虚拟的智慧教学情境实现了有机结合，共同搭建了服务于儿童科学探究的数字化学习空间。实体场所为儿童提供真实可触、直观体察的科学活动道具和感知方式，虚拟的数字化学习空间则凭借其海量信息资源和高度交互性，拓展了儿童科学探究活动开展的渠道，丰富了科学探究教育的内容和形式。

“小达人学习中心”的科学教育场地不断扩展和外延（见图 6-1-2），满足了更多儿童科学学习的场所需求。“小达人学习中心”为区域内的幼儿提供了丰富的数字化学习资源和有趣的参与体验活动，幼儿登录学习中心平台就可以自主选择感兴趣的数字化资源进行学习，这些资源均采用视频和动画的形式呈现，配有浅显易懂的讲解说明，能够满足幼儿自主学习的需要。

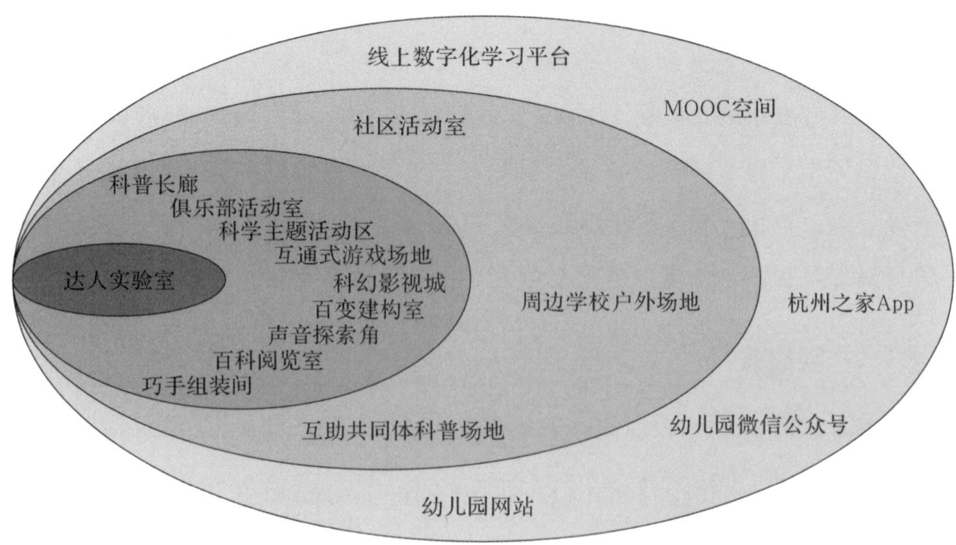

图 6-1-2 “小达人学习中心”科学教育场地的扩展与外延

（3）校内外资源协同开发。上城区的历史文化街区河坊街、南宋皇城遗址、环西湖历史博物馆等含有历史底蕴的文化空间，为区域学习中心的建设提供了丰富的资源。学校积极探索践行馆校合作机制，与周边的博物馆、文化馆、纪念馆以及相关单位等建立联系，在这类文化空间内提取相关课程元素，结合学校办学特色，实现学校与社会教育资源的有效衔接，实现校内校外共建、共享，协同育人。

随着经济全球化时代的到来，提高青少年的财经素养已成为世界各国教育的当务之急。财经素养是一种与财经有关的生活技能与思想品德意识的综合体现，提高青少年的财经素养需要家庭、学校、政府多方面共同重视，帮助他们从小形成良好的消费习惯，培养日常生活中正确的消费观和理财能力。

案例 6-1-2 台州银行分行营业部、城东支行、九堡支行财商教育

台州银行的财商教育，是为了培养学生树立正确的金钱观、价值观与人生观，帮助青少年形成正确的理财意识，引导学生健康成长。现已开发多项日常授课财商课程，授课员工经验丰富。总行高层高度重视财商教育，同步开发推出了转转储蓄罐、智能储蓄罐、糖胶玩偶和宝贝成长亲子激励等工具。并统一制作了小小银行家 VI 形象标准，重金打造“小小银行家”活动样板区，包括多媒体功能教室、银行体验区和休息区等功能区块，这里将成为学生参观、学习和交流的基地，也是学校第二课堂的延伸地。

（台州银行杭州分行）

上述案例中，台州银行杭州分行重金打造“小小银行家”活动样板区，使校内外资源协同发展，开设多项财商课程，推出多项理财工具，着重培养青少年的财经素养，以便学生在日常学习和生活中运用财经概念和金融风险知识，帮助自己作出有效决策。这极大地拓宽了学生的学习空间和财经视野，成为校企合作助力学生素质发展的财经基地。

（4）优化评价考核机制。在研究过程中，区域业务部门的支持对于推进学习中心及课程建设的质量提升具有相当重要的作用。可使区域内科研、教研、师训部门紧密合作，定期开展研训一体的专项活动。

区教育学院按照以评促建的思路，根据学习中心建设标准，研究制订各区域学习中心的考核评价指标。每学年对各学习中心的建设情况进行监测评估和跟踪检查，遵循多元评价的思路，按照星级评价方式确定学习中心的建设水平。结合上城区学习中心考核评价指标（见表 6-1-1），采取学校自主申报、专家组综合审定的方式，推荐相关学习中心进入三星级学习中心成长营、二星级学习中心成长营、一星级学习中心成长营，开展集中培育、晋位升级。考评结果将作为专项资助的重要依据。

表 6-1-1　上城区学习中心考核评价指标

一级指标	二级指标	评分要点	分值	自评	区域评估
运行机制	有科学的管理机制	建立校（园）长亲自抓，分管领导具体负责的机制，纳入单位发展重点项目。制定中心年度工作计划	5		
		中心建设和运行经费应统筹安排，纳入学校预算	5		
		注重过程管理，中心研究档案资料管理到位	2		
	有高效的协同机制	建立与学校、社区、企业、场馆的良性互动关系，将博物馆等社会资源积极引入学习中心建设	5		
		建立学习中心与家庭之间的协调配合机制，家长支持、参与学习中心各项工作。	3		
		建立线上、线下联动的工作机制，有外校学生参与到学习中心的学习活动中，所占比例不低于 10%	5		
	有扎实的师训机制	中心配备首席教师，专兼职教师若干，建立工作例会制度，定期研究重大工作	5		
		建有专业教师成长计划，营造激励支持教师合作创新的良好氛围，提升教师跨界教育教学能力	5		
空间建设	有集成的学习阵地	建设以学生为本的、舒适安全的学习空间，能满足项目合作、自由讨论、成果展示等个性化学习的需要	10		
		具有支持满足学生学习所需要的各类学习资源和设施设备	5		
		具有体现中心课程内涵的形象识别系统，师生认可度高，体现育人功能	2		
	有多样化的学习空间	学习的空间不局限于教室，社区、自然、场馆等均可作为学生的学习实践的场所	3		
		构建网络空间与物理空间、正式学习空间与非正式学习空间，支持学生开展混合学习	5		

续表

一级指标	二级指标	评分要点	分值	自评	区域评估
服务品质	有完整的课程体系	体现五育并举、融合育人的课程开发理念与实践，促进学生创新品质和创新能力发展	5		
		该课程由学习中心自主开发，课程纲要要素齐备，有明确的学习主题和学习模块，学习内容符合学生学习水平和学段特色	10		
	有自主的学习方式	采取项目式、主题式、探究式等学习方式，提供民主、包容的学习环境，注重改进学习方式和丰富学习经历，学生满意率高	5		
		利用网络同步课程和学习中心网络社区平台，推进混合式学习方式的实践，开发并分享包括微视频、课件和教学设计等成果在内的线上学习资源	5		
	有多维的评价手段	坚持过程性评价与总结性评价并重，设计学生自评、项目组评价与教师评价相结合的表现性评价量规	5		
		学生学习成果丰富，注重通过学生作品展评活动，激发学生学习动力	5		
	有充裕的服务时间	学习中心的开放时间应与学校作息时间一致，保障学生有充足时间开展自主学习活动，小学段开放时间可与学后托管工作相整合	5		
特色建设（附加分）	有突出的建设成果	具有鲜明特色、在区内外具有影响力和推广价值的校园文化品牌项目得到师生的广泛认同与社会舆论肯定，具有一定的借鉴推广价值（如在国家级、省级新闻媒体刊发或播出，在国家级、省级会议上做典型经验介绍）。要求自主申报，相关文字、图片材料等另附，字数不少于 1500 字，重点突出创新过程和成效	10		

注：90 以上分为“三星”；80—89 分为“二星”；70—70 分为“一星”。

区域学习中心协同学校、场馆、社会，多方联动、分工协作、合作创新，共同打破学校围墙的阻隔，按照众筹共建的思路，集聚区域优质课程资源，打造区域学习中心综合体，充分发挥了学校教育在引领学生全面成长中的主导作

用，让学习在区域内处处可发生。从课程到学习活动的设计、从学习环境到学习场景的设计，不仅要满足学生随时随地的泛在学习，更要重视学习体验，促进学生开展高质量的学习。学生在活动体验、方案设计、自主研讨、交互协作和成果共享等过程中感受到学习的快乐，这是一种有别于传统学校教育的学习模式，为学生的学习生活打开了一扇新窗户，让学生在创造性解决问题中形成自己对世界的理解。

第二节
区域学习中心的应用范式

⦿

打造优质教育，促进教育公平和教育质量提升，让学生在区域内自由学习，实现区域教育整体高位均衡发展，形成各具特色的多元教育格局，使上城教育品质整体高位提升。目前，初中段教育质量与日俱进，小学段教育特色纷呈，学前教育日益精进。

本节聚焦情景实践，探索区域学习中心共建的主题应用，发挥区域整体与学校共建共享的整体功能，关注上城学子在区域学习中心文化浸润下的无边界学习。其中，上城区学习中心遵循“五育并举”的理念，以跨学科学习为主线，遴选原有区域精品课程并进行转型升级，按照科技创新、人文艺术和社会实践三大类别进行集群建构，全面推进区域学习中心建设，更好满足学生个性化的发展需求。

一、指向科技创新的学习中心

科技创新学习中心集群指向科技教育和发明创造，聚焦创新创造的思维形成，关注信息赋能的技能培养，强调基于问题的合作学习，构建技术赋能下的多元互动学习空间。以打造“创意智造学习中心”为基础，为学生的学习提供多样选择的可能。设计与实施短周期、具有挑战性的任务课程，以提升服务项目的吸引力，形成学生体验创意智造的基本方法，掌握使用数字化工具解决问题的能力。 并通过“线上＋线下”融合创新的方式，发展学习中心的辐射能力。

1. 理论指向：让孩子的学习走向高阶化、深度化

在当今信息时代，科技创新已成为推动社会进步的重要驱动力。随着科技的不断发展和进步，科技素养已经成为当今社会能力中不可或缺的一部分。因此，培育学生科技创新能力显得尤为重要。学生具备科技创新能力，不仅能够更好地适应社会发展的需要，在未来的工作中更具竞争力；还能够为社会的发展贡献自己的力量，为社会的发展注入新的动力。

（1）内涵与特征。在当今快速变化的社会中，学生的学习向高阶化、深度化的方向发展。发展学生的高阶思维，可以让他们在成长过程中运用复杂的认知技能和策略来解决问题，提升理解信息的能力。而指向学生核心素养发展的深度学习，则可以让学生在真实情境中，运用已获得的知识与技能，通过思考、讨论、交流、互动等活动去解决真实问题，从而培养学生的批判性思维、合作意识、创新精神和学习方法的迁移能力。科技创新学习中心的内涵与特征指向便是高阶化、深度化，让学生在科技创造类学习中心中开展“以跨学科项目进行任务驱动”“以真实情境开展问题解决”和“以工程化思维贯穿探究实践”为要素特征的活动。

（2）价值与意义。学生在科技创造类学习中心中开展学习，发展科技创新素养，逐步具备面向未来的素养与技能，能够更好地适应未来社会的发展需求，

为未来的科技创新和社会进步做出贡献。其价值与意义也不仅仅局限于单一学科知识或技能的掌握，或是某种项目的完成，更深远地指向对拥有“未来素养的人才”的培养，并以此为触发点，促进教育改革和创新的不断深入，推动教育向更加开放、创新和多元化的方向发展，成为“教育创新”的有力抓手，也是“科教兴国”的有力支撑。

（3）目标与方向。在当前新技术、新思想、新生活方式的不断冲击下，未来学习近在眼前，未来教育的核心价值不断凸显，学习的目的不再是为了获取特定的技能和知识，而是为了应对未知的挑战和机遇。科技创造类学习中心建设的目标便是为了培养面向未来的学习者，让学生在科技创造类学习中心的学习中，不断建立问题的提出、研讨、解决及延伸的思维方式，在不断推进迭代的项目实践中实现信息技能的提升以及信息素养的形成，从而在今后具备解决未知问题及挑战的能力。

2. 应用范式

目前，上城区打造了 43 个科技创造学习中心。其中，以浙江师范大学附属丁蕙实验小学“智蕙学堂”为典型案例，基于资源整合、空间设计、课程设计与实施、机制创新四方面进行科技创造学习中心的应用范式阐述。

（1）资源整合。资源是区域教育工作的重要支撑，区域社区教育资源建设的水平直接影响学习中心教育的实践效果。在现代社会的区域元素“接力”与上城区域学习中心的建设中，重组与融合正成为或将成为社会各领域资源变动与形成的主要样态。丁兰街道是杭州市唯一一个镇级“智慧城市”的试点，被列入浙江省首批特色小镇创建名单，开启了现代化治理发展创新之路。浙江师范大学附属丁蕙实验小学位于上城区丁兰街道，学校借力丁兰智慧小镇的建设契机，整合区域资源，打造“智蕙学堂”学习中心，探索了资源众筹新模式——合作共享，实现数字化资源普及化。并积极探索“一体化”教育发展模式，使学校在师资、信息、资源、教育教学技术方法、先进教育理念等方面实现共享。利用网络推进高品质学习中心建设是一种非常重要的治理手段，学习中心让数字力量深度赋能学校课后服务，让治理体系、治理能力与课后服务品质相匹配，实现课后服务便捷化。

（2）空间设计。“智蕙学堂”学习中心的打造包括物理空间上的“科技博览馆”与虚拟空间的延伸与拓展（见链接 6-2-1）。“科技博览馆”中打造了一系列科技主题类学习空间，包括 3D 打印、创客空间、能力风暴、四驱模型室等。细化打造学习中心的三大功能主题“学室”，以风格各异的三大主题功能室——探索与发现、科技与生活、挑战与未来为主，构建可视、可触、可体验的科技漫游学习中心。宇宙星空隧道浩瀚无垠，采用“VR”虚拟技术，打造富含“天文科学知识”的时光穿梭机。学习空间中有流畅线型、四通八达的四驱车模型室；分区明显，集搭建、仿制、融入、协作、展示为一体的能力风暴实验室；还有机器人创新实验室、动漫科技馆、3D 打印室等，依据“挑战—解决方案—未来”的区域划分，便于学生触摸科技。

链接 6-2-1
浙江师范大学附属丁蕙实验小学“蕙学 +”学习中心

（3）课程设计与实施。设计实施“科学微途”课程，包括思维训练营、皋亭生物解码、应用软件超市、VR 机器人编程、3D 打印等特色项目。同时，基于全球网络化联结而构成一种新型社会生活和交往的空间——依托虚拟的平台进行延展性的拓展，通过虚实融合学习环境中的多模态人机交互技术，创设灵活多变的适应性环境，将在线教学和传统教学的优势结合起来的一种“线上 + 线下”的混合式教学。其中，课程以短周期、具有挑战性的任务为设计方向，以提升服务项目的吸引力。

（4）机制创新。“智蕙学堂”学习中心启动之际，采用项目导师制、自主选学制（见图 6-2-1）等机制进行。在线上线下推出课程服务校园海报，吸引校内外学生报名参加。同时，发展“校外辅导员”机制，借助校外师资力量，聘请有相当技艺的家长志愿者们和社会专业人员作为补充师资。校外“指导员”中，有 VR 机器人编程院的优秀指导老师，有在车辆模型指导上有大量实践经验的教练员，这些外聘老师和学校已有师资实现互补，切实加强导师团的实力并彰显了魅力，也取得了非常丰富的成果。同时，建立与学校、街道、社区、场馆的良性互动关系，将博物馆等社会资源积极引入学习中心建设。对外开放，统筹优化区域，实现优质资源共享，形成更大的育人场域，并充分辐射，与社区共享联动。

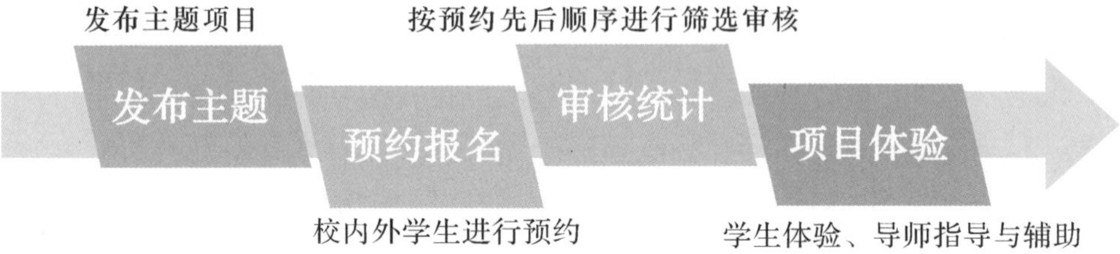

发布主题项目　按预约先后顺序进行筛选审核

发布主题　预约报名　审核统计　项目体验

校内外学生进行预约　学生体验、导师指导与辅助

图 6-2-1　自主选学流程图

二、指向人文艺术的学习中心

人文艺术学习中心打造灵活而有个性的空间，充满人文内涵，让学生的人文素养在学习中得到浸润，点燃学生内在成长驱动力。教学时空得到无限延展，形成了立体、全方位、富有实效的育人场域。同时，围绕主题开展特色菜单式课程，发展学生人文艺术品质，主要指向语言表达、身体表达和感官感知，采取戏剧教育等综合学习方式，内容覆盖语言、音乐、美术等多个领域，通过主题式学习来提升学生的人文底蕴和审美能力。

1. 理论指向：让孩子的成长走向博雅、人文

在满足学生全面而有个性发展需求的前提下，上城区域人文艺术类学习中心建设彰显人文素养的培育功能。2016 年 9 月 13 日，《中国学生发展核心素养》研究成果发布 。《中国学生发展核心素养》以培养“全面发展的人”为核心，分为文化基础、自主发展、社会参与 3 个方面，综合表现为人文底蕴、科学精神、学会学习、健康生活、责任担当、实践创新 6 大素养，具体细化为国家认同等 18 个基本要点。其中，“人文底蕴”是排在首位的，“人文艺术”的情怀格局更是被列为必备素养特质。

（1）内涵与特征。学生发展核心素养中的人文底蕴主要是指学生在学习、理解、运用人文领域知识和技能等方面所形成的基本能力、情感态度和价值取向。在人文艺术类学习中心建设过程中，教育者要从人文艺术素养培育的视角出发，思考其内涵与特征。上城区域人文艺术类学习中心便是从营造人文积淀的培育生态、人文情怀的培育载体和打造审美情趣的培育组织三方面入手，通过学生的情境体验与感知，培养学生的人文底蕴。

（2）价值与意义。发展学生的人文底蕴对于促进社会和谐具有重要意义。在学生的人文底蕴中，包含了尊重他人、理解多元文化、传承中华文化等方面。这些方面的素养有助于学生建立正确的人生观、世界观和价值观，形成宽容、包容、和谐的社会意识。上城区域人文艺术类学习中心的建设，打破学科壁垒，增强文化浸润，让学生的人文艺术教育从学校走向生活，在使学生得到完整生活的教育的过程中使师生双方的生命价值都得以实现。

（3）目标与方向。2019 年，《中共中央国务院关于深化教育教学改革全面提高义务教育质量的意见》中进一步要求："坚持'五育'并举，全面发展素质教育"。2020 年，中共中央、国务院印发《深化新时代教育评价改革总体方案》，文件中特别强调了以"以德为先，能力为重、全面发展"的发展理念。"创新人才"在新时代背景下的新定义明确为"德智体美劳全面发展的人才"。相较于其他两类学习中心，人文艺术类学习中心则更多借鉴"博雅"理念，强化基于社会中的人的通才素质教育，彰显五育融合，把握育人方向。

2. 应用范式

目前，上城区打造了 48 个人文艺术学习中心，包括文化体验类学习中心、艺术浸润类学习中心、美学启蒙类学习中心、国学养正类学习中心、哲学明理类学习中心等。其中，以天地实验小学"小学戏剧学习中心"为例，基于资源整合、空间设计、课程设计与实施、机制创新四方面进行人文艺术学习中心的应用范式阐述。

（1）资源整合。上城区拥有着许多宝贵的教育资源，区域人文艺术学习中心的建设则更加注重与底蕴深厚的历史文化相连接，并联合运作，培育区域特色。通过整合区域历史文化、民俗文化、自然生态文化等各类特色文化资源，带动区域内有资源链接可能的文化融合发展，实行综合开发利用，使区域特色成为区域教育新的亮点。天地实验小学位于“连湖拥江、蝶变新生”的望江街道，“小学戏剧学习中心”建设时充分挖掘千古传承的宋韵风骨与深邃隽永的文化基因，实现了优质资源的统筹配置，以学生生活为起点，营造浸润式的学习环境，增进学生对于区域的文化认同、情感认同，塑造学生健全的世界观与价值观，进而培养学生良好的爱国主义情感，成为上城学子“人人皆学、处处能学、时时可学”的高质量学习中心。

（2）空间设计。天地实验小学“小学戏剧学习中心”按照“戏剧不是仅仅发生在教室里，而是在任何好玩的、有趣的、充满学生味道的地方”的服务理念，着力打造好玩的空间、看世界的空间和多元发展的学后服务空间。天地小剧场是上城区唯一的“三面式开放”小剧场，建有戏剧排练室，全息化的戏剧教室，满足学生开展戏剧游戏、戏剧展演的戏剧专业教室。再加上众多的艺术教室，为学生课后活动提供了灵活而有个性的空间。学生的戏剧学习不仅仅发生在教室，校园就是学生课后活动的大教室，Cosplay（角色扮演）、场景定格、戏剧表演、戏曲专场，各种戏剧元素都可以活跃在校园的每一个空间里。

学校围绕戏剧打造了“爱弥儿”电视台、“方圆”微电台、“绿幕”创作室、“领导力”剧场等学习场所，放学后，学生能够在这些空间中，选择自己喜欢的戏剧课程。一堂课可能在这个教室上了一半，就由另一位教师带到另一个教室去进行；另一堂课开始是可能是绘本故事，后面接下去的内容则可能会是肢体表演。

（3）课程设计与实施。戏剧中心课后服务围绕着主题活动开展，课程遵循小学生的戏剧天性，根据小学生的身心特点，分为低、中、高三个年龄段精品课程资源（见图 6-2-2）。

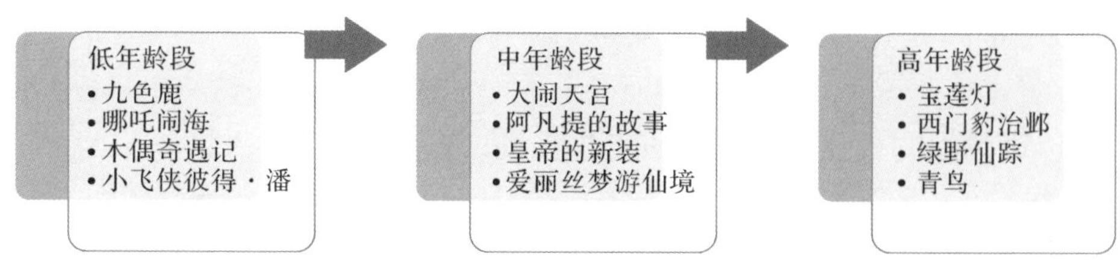

图 6-2-2　低、中、高年龄段精品课程资源

“经典阅读”用童话故事激发学生对于阅读的兴趣，注重学生对于故事的理解，同时拓展学生对于童话、戏剧相关知识的了解。“创意活动”注重学生戏剧主题活动中进行的戏剧表达，通过肢体律动、五官认知、即兴哑剧及对话创编等戏剧表现形式，运用自己的身体与声音去传达或解决童话人物与故事情境中的问题。“童话剧场”让学生根据编者所提供的童话改编剧本，进行戏剧的排演。注重戏剧的基本功及核心能力的培养。通过专门的“儿童剧场”排演戏剧，给学生专业的舞台去展示自我。三个领域互相渗透，由浅入深、循序渐进。

（4）机制创新。在天地实验小学“小学戏剧学习中心”建设中，师资采用学校戏剧教师与外聘教师二位一体的形式。学校戏剧教师对体验内容进行再设计与打造，不仅要把课程内容实施下去，更要努力提升课程质量。外聘教师则从师训这一方面思考，通过专业的戏剧专家的引领，提升戏剧教师的教法与理念，提升课程实施的品质。并按照“空间打造＋特色课后服务”的形式，给学生专业的舞台去展示自我，让学生能够在学习中心发现美的力量。

三、指向社会实践的学习中心

社会实践学习中心指向劳动实践、生涯设计，其内容覆盖政治、历史、心理、劳动等领域，采取以学生生活为起点开展社会实践等的学习方式，提升学生的交往能力、心理品质和家国情怀。链接家庭、学校、社会，从“知情意行”的立体维度全面建构实践类活动。围绕着人与人、人与社会、人与自然的真实情境，关注健康生活、责任担当、实践创新等核心素养目标，利用实践探究、工具使用、团队合作、反思调控等模式支架进行课后活动。

1. 理论指向：让孩子的成长走向实践、自主

随着时代的演进、社会的变迁，创新人才的培养越来越受到社会各方面的重视。创新人才需要有好奇的眼睛、发散的思维、独到的见解和较强的动手动脑操作能力。近年来，随着教育理念的不断更新和教育体制的不断改革，学生社会实践已经成为了教育的重要组成部分。通过学生社会实践的开展，不仅可以帮助学生更好地适应社会的变化和发展，还可以培养学生的实践能力、拓宽学生的视野、增强学生的自信心和培养学生的创新能力等。

（1）内涵与特征。区域社会实践学习中心的建设从儿童的家庭生活技能和社会生活技能的培养出发，以有目的、有组织的劳动实践活动、职业体验活动、亲子体育活动等为载体，遵循儿童身心发展规律，通过项目化学习、模拟式体验、游戏化活动等方式，发展儿童主体性，促进儿童社会化，使儿童学会实践，实现"做中学，生活中学"。学生在社会实践类学习中心联系生活，涵盖三大特征：链接儿童与社会生活、家庭生活；践行"教学做合一"的理念；以情境创设与体验感知为主。

（2）价值与意义。社会实践类学习中心以关注儿童的生命成长为核心，以有目的、有组织的劳动实践活动、职业体验活动、亲子体育活动为载体，指向善于解决问题、擅长动手操作、能将思想转化为现实的"实践力"的培养，促进儿童全面发展，实现全面育人的目标。同时，坚持开发学生潜能，激发学生学习兴趣，实现学生自主学习；坚持发展学生主体性，促进学生社会化，实现学生的可持续发展；尊重儿童天性，促进儿童多元能力的发展。

（3）目标与方向。区域社会实践学习中心的建设着眼于学生的核心素养发展，聚焦科学精神、学会学习、健康生活、责任担当、实践创新等素养，培养学生的良好人格品质。同时，关注学生的社会适应，让儿童在学习中心潜移默化的学习中得到语言表达、思维能力、社会适应性等方面的提升与发展。

2. 应用范式

目前，上城区社会实践学习中心共有 44 个，包括新劳动实践力体验中心、生涯启蒙体验中心、亲子共育学习中心等类型。以杭州市凤凰小学“儿童新劳动教育学习中心”为例，基于资源整合、空间设计、课程设计与实施、机制创新四方面进行人文艺术学习中心的应用范式阐述。

（1）资源整合。区域在学习中心的建设中致力于打造学生的半小时学习圈。将分散在各个学校的学习资源进行了整合，让学生能就近享受各种优质课后服务资源。以学校场地为主阵地，学校周边多个相关场馆社区资源作为补充，与校内教育资源相得益彰，形成兼收并蓄型的学习中心，让学生的一切活动在寻访中、参观中、实践中、体验中进行。凤凰小学建设“新劳动教育学习中心”时，确立“聪明长在手上”的新劳动教育主张，开发学劳动教育课程，利用地下空间和秋涛校区的富余教室建设“四室六坊”区儿童实践力学习中心。有组织开展“走班、走校、走社会”的体验学习，为增强学生劳动观念、锤炼劳动本领、丰富劳动体验，提升劳动创造提供学习服务。

（2）空间设计。凤凰小学“儿童新劳动教育学习中心”建设时因地制宜，将校内空间进行优化，分别在秋涛和钱江校区开辟劳动基地一：实践力中心，内设木工坊、编织坊、厨艺坊、纸艺坊 4 个坊；电器室、清洗室、管道室、修理室 4 个室，可供学生选择与体验。在钱江校区打造劳动基地二：小小葵园，由一个花房和一片蔬菜种植园组成，学生将在此躬身劳作，见证植物的生长规律，感受蓬勃的生命力，体验劳动的苦与甜。巧借资源，巧借地方课程，利用校外的学农基地进行为期一周的农事体验，下厨做饭、除草栽培，自立更生，丰衣足食。校内外相结合的方式，为学生的劳动实践提供多样化的基地保障和选择式的课程菜单。

（3）课程设计与实施。凤凰小学“儿童新劳动教育学习中心”新劳动教育课程既注重知识技能的学习，又体现“做中学”的价值取向，由劳动技术学科课程、新劳动教育创新课程和劳动实践体验课程组成。其中劳动技术学科课程分必修性和选择性两类，选择性技术课程包括社团培趣性课程和节气体验式课程；劳动实践体验课程分班级劳动实践、基地劳动实践、家庭劳动实践和社区公益劳动实践四项课程。同时，开展STEAM教育学科整合，体现学科与劳动教育的有机结合。

案例 6-2-1 杭州市凤凰小学“儿童新劳动教育学习中心”木工坊课程

“木工坊”课程引进了国外最先进的“STEM课程”理念，以跨学科整合为取向，以“做中学”为基本学习方式，以充分开发学生的学习兴趣与潜能为目标，努力克服原有的“综合实践活动课程”和必修课程两张皮的现象，有机地融学科知识于木工制作活动之中。该课程凸显两大教学功能：其一，根据所制作木件的需要有机渗透相关的语文、外语、数学、科学等学科知识，培养学生知识建构和自主学习等高阶学习能力；其二，通过“做中学”的情境化学习，培育并提升学生的学科学习兴趣，从而达到反哺课堂教学的质量和效率的目的。

（杭州市凤凰小学）

凤凰小学“木工坊”课程有助于开发学生的学习潜能。木工制作除了活动性强外，还富有创意性、个性化，非常适合中小学生动手能力、创造能力的培养。同时，还体现“学生自主学习”的理念。整个课程通过“木艺工坊”课程教学辅助系统和小组合作学习方式实现学生自主学习和自主评价。同时，还有《学生操作手册》《学校管理手册》和《学生小组合作学习手册》，基本能保证学生全过程自主学习的需要。

（4）机制创新。凤凰小学“儿童新劳动教育学习中心”的建设注重整合各类优质资源担当课后服务的教师，定期邀请省市区的优秀劳动模范，组织沙龙、讲座、互动游戏等活动，聘请部分劳动模范进校成为学校外聘的劳动课程教师。发动全校家长的资源，挖掘劳动技能精湛的家长群体。邀请家长们进课堂，为孩子们讲解不同的劳动领域。如花店职员，可进课堂教孩子们如何插花；蛋糕店职员，可进课堂教孩子们如何做美味的甜点。发动各方资源，只为充盈新劳动课程内容，并扩大领域，增长孩子们的见识。

三类区域学习中心范式的应用推广以及亮点纷呈的操作，是上城区域中心集群学习应用的一个缩影。并且三类区域学习中心的应用中，坚持挖掘育人资源，突出五育融合，实现全域协同，让资源“整合盘活”，让活动“落在实效”，让学生“行有所悟”。也无一不利用到了网络平台，支持开展线上学习、混合式学习，让全区中小学生共享开放优质学习成为现实。

参考文献

[1] 郑一峰，李敏．区域学习中心建设的上城探索［M］．北京：中国出版集团现代出版社，2022.

[2] 王莺．行走德育：让社会主义核心价值观成为学生成长的芯片［M］．杭州：浙江大学出版社，2021.

[3] 沈建华，徐桑桑，顾玲．学校里的博物馆：打造学生体验式育人场的实践探索［J］．教学月刊．中学版（教学管理）. 2022，（04）：20–23.

[4] 金大鹏．聪明长在手上——杭州市凤凰小学新劳动教育的实践探索［EB/OL］．（2022–10–14）［2023–1–1］.http://yun.scjsyx.cn/studio/index.php?r=studio/post/view&sid=300375&id=1787.

第七章

赋能：构建高质量教育共同体

面向未来的学校必将打破校际、学科壁垒，统筹配置优质教育资源，让学生在实践、反思、再实践的过程中提升发现问题、解决问题、合作与协调能力。本章从凝聚家校政社多方力量角度，通过行政的推动、社会的联动、家校的互动等手段，让受教育者享受更多、更优质的教育资源。从新型师生关系的表征，新型师生关系视野下的学教方式转变，新型师生关系的内生动能等角度探讨了如何构建新型教育共同体。

第一节
家校政社协同共育

⊙

在未来教育的浪潮下，学校不是文化的孤岛，学习不再局限于学校的围墙内，而是要凝聚家校政社多方力量，让受教育者享受优质丰富的教育资源。育人不只是学校的事，还需要家庭、学校、社会、政府的共同参与，携手培养德智体美劳全面发展的社会主义建设者和接班人。

本节围绕政府主导、学校参与、专业支持的理念，强化顶层设计、资源统筹，让学校、博物馆、优质企业、社区开展合作共建，转换学教方式，丰富学习内容，形成家校政社的多元互动系统，实现家校政社协同共育的上城教育实践样式。

一、行政的推动

从区域共享的课程建设到学习中心设立，是不断推进新课程改革、发展素质教育的上城探索。区教育局是区域学习中心的管理部门，要明确各职能部门在学习中心建设中的职责和与分工，通过制定政策和标准，同时建立起定期评

估和激励的制度，保障对学习中心运作的指导监控，尤其在学校承办学习中心建设经费不足时，政府应给予必要的经费补助。区域层面应研究制定走校学习的推动方法，切实保障学生自由学习的权利，鼓励培育社会力量参与学校中心建设，形成互动、双赢的合作机制。

1. 引导改革与发展重点

2011 年，上城区在回顾过去 10 年课程改革时发现，国家课程和校本课程之间的定位有交叉，目标边界模糊，质量参差不齐。尽管上城区校本课程的设置观念很好，但从学校现有的师资来看，要开发具有一定质量的校本课程，无论是意识还是能力方面都有待提升，而无论哪一级课程在实施过程中最后的落点就是教师的实施。如果没有上城区和学校层面的顶层设计、科学规划，有可能一门课程的开发和实施就全落在一位教师的身上，难以保证课程实施的质量。为了从区域层面保证学生能享有高质量的课程资源，上城区对区域大课程进行意义重建与内容重构，相关成果荣获了省科研成果一等奖，以帮助学校和教师提高课程开发能力，建设高质量的课程体系。

2017 年，上城区在总结区域大课程六年建设成效时发现，尽管已经建立了较为完备的区域课程体系，课程资源也越来越丰富，但课程建设仍囿于学校之内，缺少校际交流和分享机制。更重要的是，随着个性化教育时代的到来，需要教育者站在学习素养的视野，对课程建设和学习方式进行重新设计，尤其是要充分运用技术手段，打破时空限制，为学生提供更高品质的教育服务，诸如此类新课题，需要打造新的载体，推进区域教学改革向更高品质迈进。在这样的思路下，打造区域学习中心的新思路应运而生。区域学习中心是按照五育融合的思路，汇集多功能的空间设计、精品化的课程体验，融合先进的教育理念和现代技术的个性化、定制化的学习共同体。

自 2020 年始，上城区教育行政部门、学校、家庭、社会四种力量形成了有效的协同机制，全面推进区域学习中心建设，并在课程目标体系建设、学习方式变革、学习空间建设方面取得了突破，形成了学习中心建设的上城样态。

2. 推动试点和全面启动

2019 年开始，上城区先后组织主题论坛活动、课例研讨活动十余场，将区域的做法进行推广，影响力辐射到省内各地和上海、江苏、新疆、湖北等地，还有近十个相关课题研究在省市科研部门、教研部门立项，其中杭州师范大学第一附属小学《一公里学习圈：基于校本的小学场馆学习的架构与实施》、喜洋洋幼儿园《幼儿科学游戏体验中心：区域内科学教育资源共享的新模式》、杭州第六中学《智慧农场：基于物联网的多学科融合教育的载体设计与实施研究的成果报告》等研究都取得了初步成效。

2020 年，为推进学习中心建设工作向纵深发展，上城区下发《深入推进区域学习中心建设的实施意见》，明确了“一年打基础、两年成规模、三年见成效”的要求，分年度推进学习中心建设，通过集中培育和考评晋级，提出在 2022 年 6 月底前形成学习中心示范群，覆盖“五育”的区域学习圈基本形成，在时空建设、学习目标、内容序列、学科融合、学生评价、技术支撑、走校学习等领域形成可复制的区域经验这一长期方略。为了指导校长、教师科学、高效工作，又推出了《上城区学习中心建设标准》，从空间建设、教育服务、治理体系三个维度明确了学习中心建设的方向和原则，为建设更多的普惠性学习中心提供了科学依据。

以评价为导向生成学习中心建设的内部动力，按照《上城区学习中心考核评价指标》，将学习中心环境创设、课程服务、共享机制工作重点纳入评估的指标体系中，同时开展定期调研，对各学习中心的实施情况进行监测评估和跟踪检查。区教育局对学习中心项目研究有一系列的支持政策和经费保障。通过年度考核，区教育局每学年对获得上城区优秀学习中心的单位进行表彰奖励，每个获奖单位都将获得一定数额的奖金用于工作推进。

3. 注重专业和研究助力

从 2018 年开始，上城区组织了教研人员按照上级文件明确要求的教育改革方向，指导各学习中心根据课程特点梳理出台个性化课程方案。在形成课程方案后，根据课程的特点，将区域学习中心分为科学创新类、人文艺术类和社会实践类 3 类，由不同学科教师和教研人员协同开发，形成区域学习中心专业助力的新模式。

区域层面建立以教育学院研究员为主体的服务机制，组建专业团队定期开展调研走访，提供针对性的服务。参与区域学习中心建设的社会组织必须认识到，积极支持和配合学校发展区域学习中心是自身的责任和义务，要安排专业技术人员参与到学习中心的前期建设和课程实施之中，深入各个学习中心开展课程建设方案的指导和学教方式的诊断服务，在此基础上进行成果的提炼总结，《行走德育：创新城市中小学生德育的上城行动》《基于“云剧场”的英语戏剧学习在线中心构建与实施》《定制式服务：支持小学生创新能力培养的路径设计与实践》等成果均获得省、市成果一等奖，这些成果各有侧重，但均具有站位高、视野广等特点。它们完善了区域建设学习中心的实践范式，为更多的学校参与学习中心建设提供了借鉴和参考。

为进一步发挥专业研究的作用，提升校长和骨干教师开发学习中心的能力，区域学习中心建设项目主张建立区域、中心两级专业学习共同体，区域教研员、学习中心负责人、学习中心专兼职教师都可以成为项目组成员，这也是保障区域学习中心建设项目不断深化和认同并产生影响力的重要原因。在建设学习中心专业发展共同体的过程中，上城区采取了以下措施：一是定期研讨，形成共识。项目组多次邀请省市教科所、区教育局领导参与讨论，梳理推进思路，例如，在突破学习中心的智慧应用技术时，项目组数次赴浙江省教育技术中心，共同探讨学习中心的各类场景应用和资源共享方式。二是组织项目专题展示活动，将展示作为培训的重要手段。区域学习中心项目组从一开始就确立“展示即培训”的观念，各个学习中心轮流进行，将展示作为共同学习、分享、反思、改进的重要手段。承办单位的每一次活动都在区教育学院的指导下进行，如在杭州市胜利实验学校“创意智造学习中心”举行的“创新素养培育培训活动”，在杭州市天长小学“数学小实验学习中心”举行的“混合式学习场景应用”，在杭州市蒋筑英学校“科学+探究厅学习中心”举行的“学习资源分配使用”等活动，对于承办单位而言是展示和促进，对于项目组和各学习中心而言是相互学习和比照，每次活动不仅邀请该主题研究方向的专家进行点评，还邀请项目组成员进行同行评价，有效促进了学习共同体的专业水平提升。三是邀请高校专家深度介入学习中心的教育改革实践研究过程，在平等研讨中推进发展。上城区教育学院和华东师范大学教育学部开展项目协作，学部专家作为学习共同体中的成员，用不同的视角和平等的交流直接参与学习中心建设的全过程，为了帮助学习中心精准打造课程体系和开展项目化学习，智库专家反复深入每一个学习中心听课、交流、访谈，和学习中心负责人共同研讨，直至参与案例总结和课题论证，这种方式让高校和地方政府建立起长期的合作关系。

二、社会的联动

中国教育先行者陶行知曾提出“生活即教育”的理念。真实的生活为学校教育、学习内容提供了源头“活水”。上城教育鼓励学校加强与社会多方联动，利用项目化、探究式等方式，跳出书本的定式思维，回到真实的社会生活情境之中，增强学生的学习体验感。学校联合社区、场馆、企业等共同商议学习中心的课程规划，开展多种形式的合作，共同参与学习中心的创建。

1. 融通社区，共享教育资源

社区是学生生活的地方，也是与学生联系最为紧密的空间，积极挖掘社区资源，加强与社区的共建，开展丰富的社会实践活动，让学生的学习回归生活，实现学习与社会生活的无缝对接。

例如，杭州市澎致小学利用学校和社区的嵌入式特殊地理位置，把社区健步道变成亲子共育的新空间，开展社区“迷你马拉松”活动。学校结合不同年级学生的年龄特点，为学生量身定制了不同的越野跑路线和公里数。学校为社区居民开放“药·食种植实践园”“STEM 五坊一空间”等场馆设施，帮助学生和家长进行亲子种植、麦秆扇制作和陶艺体验；社区也开放了杨柳郡社区邻里中心，帮助家长和孩子们体验未来感十足的 5G+VR 课程。

案例 7-1-1 利用社区资源丰富课余生活

杭州市澎致小学借助杨柳郡社区的邻里中心，基于真实情景，让学生研究“‘双减’背景下，如何利用社区资源丰富课余生活？”学生积极深入社区，开展调查研究并提出议案，将自己的发现、调查过程、建议意见书面化。两个月时间，三至五年级的孩子全员参与，以小组为单位共提交 30 份左右的提案。学校针对不同的提案，在杨柳郡社区邻里中心举行听证会。

后期，学校、社区共同整合资源，根据议案内容作出决策——巧创社区课程、家庭日活动，增设运动场、学生劳动场馆，优化社区公益，搭建才艺大舞台等。

（杭州市澎致小学）

学校与社区资源的融合，共同推进了家校社共育，实现多元主体共商共创、共建共享的教育新形态，为学校与社区共享共建提供新范本。

2. 联合场馆，丰富学习体验

场馆学习作为终身教育体系的重要组成部分，是一种基于校内外场馆融合的体验式、探究式、合作式为主的学习方式，这种有别于传统学校教育的非正式学习，带领学生从“符号世界”走到“真实世界”，是一种新型学习形态。基于场馆学习的新样态，上城区学习中心积极引入场馆资源，让场馆资源深入参与学校改革。

案例 7-1-2 日新剑客 魅力击剑

小学生魅力击剑学习中心位于杭州市大学路小学校内。自 2009 年起，学校在浙江省率先开展“魅力击剑”项目研究，经历了从竞技项目、到学校课程，再到击剑文化的演变，累计为上一级运动队输送优秀击剑人才 70 余人次，培养国家一级运动员 3 人、国家二级运动员 7 人、浙江省击剑冠军 2 人。

学校是杭州市击剑运动协会理事单位，为提供高质量击剑课程，学校与专业击剑场馆合作，邀请教练员每周到校进行技术指导，让学生有机会近距离与“击剑高手”过招。

为迎接杭州亚运会，学校还因地制宜打造了“大学小新亚运馆”，并开展“共享亚运活动”。将学校里所有体育器材放置在学校各个角落，供孩子们随时随地进行体育锻炼；制作亚运知识展板，用图文并茂的形式让孩子了解亚运的比赛项目；鼓励父母和孩子一起制作手工版运动器材，让亚运风潮不只在校内涌动，也激发出各个家庭的运动热潮。

（杭州市大学路小学）

杭州市大学路小学结合学校发展实际，积极与校外击剑场馆合作，让学校的击剑学习中心得到了专业力量的支持。学生通过在击剑学习中心的学习，能够有效提升勇敢精神和创新能力，拥有开阔的胸襟、健康的心理、健全的人格、乐观向上的气质和质朴高雅的品质。在上城区，还有崇文实验学校的创新学习中心、紫阳幼儿园的小河坊学习中心等学习中心积极联动场馆，开展不同维度的学习体验项目，开发多元教育主体，设立多维评价标准，丰富学生的学习体验。

3. 联合企业，拓宽学习路径

上城区拥有丰富的企业资源，其中位于杭州主城区东部的钱塘智慧城，现有产税企业 7600 余家，国家高新企业 36 家，上市企业 2 家，形成了以奥的斯机电、巨星科技、嘉楠耘智等企业为代表的智能制造产业，以贝贝网、阿思拓、中奥科技等为代表的电子商务和信息服务产业，以浙江清华长三角研究院杭州分院、浙江省国家大学科技园、亚马逊全球开店“杭州跨境电商园”等为代表的创新平台。杭州师范大学东城小学紧邻钱塘智慧城，学校借助这一地理优势，深挖社会资源，架构了以“走读企业”为主题的走读研学课程。

案例 7-1-3　走读企业之旅

九堡坐落于钱塘智慧城，拥有清华长三角研究院杭州分院、省国家大学科技园两大核心资源，上城科技经济园和东方电子商务园两大省级产业基地。杭州师范大学东城小学利用这一优势，开发了“走读企业”特色课程。

在开启走读之前，学生搜集资料，对即将走读的企业做了充分的了解准备。利用走读前的活动课，交流走读时的注意事项，研究内容。学生在满怀好奇中走进企业，开始深度研学。

后期学生还将进行走读企业拓展活动，开展家乡特产包装设计及广告语创作，“我的美丽家乡梦”绘画作品展，“我为企业设计一个产品”等活动。

这样走出课本、又深入探究的学习方式，给学生带来真实的触动，把学生培养成为愿意观察、勇于探索、乐于传播的东小少年！

（杭州师范大学东城小学）

该案例中，学校与企业深度合作，通过走读研学，让学生在走读前充分了解，走读中充分感受，通过小组合作、实践探索、设计创作、展示汇报等学习方式，将课堂搬到校外，深入企业，实现了实践与理论的高度融合，实现了学习无边界、成长无边界。

除了走读研学，上城多校与企业开展不同形式的合作，有走出去的，也有请进来的。上城区成立的中小学创客教育联盟，成员除了区内各中小学联盟学校，还有相关研究机构、社会团体。联盟成员充分享受了“创客教育”的各项优质资源。杭州市胜利小学与钉钉（中国）信息技术有限公司合作，对数智化校园进行了基础架构的底座性构建，让家校社三方都加入到学校信息化的建设中来。杭州市建兰中学与阿里巴巴旗下学同科技开展战略合作，探索基于学校大脑的 STEM 学习中心建设。浙江师范大学附属丁蕙实验小学与杭州墨舞神韵文化艺术集团有限公司合作，长期开展书画名家送经典，书画展品进校园等活动，为校园营造了浓厚的文化艺术氛围，提升学生综合素养，增强学生对中华传统文化的认同感。多形式的校企合作，拓宽了学习路径，进一步助力实现学习无边界、成长无边界。

为了激发社区、场馆及企业的合作热情，凝聚力量，上城区加强了对场馆、企业和社会组织参与学习中心建设的典型事迹的报道，除了定期召开研讨活动进行表彰外，还通过各种活动形式，激励场馆、企业持续参与的积极性。

三、家校的互动

教育以家庭为起点、以学校为阵地、以政府为主导、以社会为平台，在培养孩子由自然人向社会人转变的过程中，需要构建一个“大教育”格局，以实现新时代的育人目标。要引导家长树立“大学习观”，让家庭教育更加关注孩子身心成长，注重孩子生活能力和社会能力的培养。

1. 首创“家长执照”平台

如何凝聚并整合各部门多方力量？上城区社区教育委员会统合全区资源，逐步建立了“政府主导、教育部门推进、相关部门配合、专业机构引领、社会力量支持”的家庭教育联动体制，共建共推家长教育学习平台——“星级家长执照”平台，从而实现教育资源最优化、教育效益最大化。

在上城区，从走进民政局进行婚姻登记开始，“星级家长执照”工程就已经开始发挥作用。工程汇聚区域内多方力量，让分散在各领域的家庭教育资源在平台上汇集、共享，让学校教育、社会教育、家长教育形成有效合力。

“星级家长执照”课程由上城区内、浙江省内乃至国内著名医疗专家、特级教师、名师名校长倾力打造，开发的课程资源具备专业性和针对性。课程采用分年龄段的模式，根据不同阶段家庭教育的重点、难点，将家长划分为0—3岁早教、3—6岁幼教、6—9岁小学低段、9—12岁小学中高段、12—15岁中学五个阶段。目前，平台已拥有6000余门各种形式的线上、线下课程。家长在平台上学习即可获得分数，修满100分并通过线上测试即可获得一个“星级家长执照”，每多修100分，星级相应提高一级，直至成为五星级家长。

“现在我们的碎片化时间很多，短视频方便易学。”一位曾苦于不知如何与孩子沟通的家长说，通过在“星级家长执照”平台学习，他提高了陪伴孩子的质量，对孩子的了解也更进一步。针对性、系统化的学习，使家长们提高了自主性，并在实践中不断完善育儿理念，反求诸己，达到“家长好好学习，孩子天天向上”的良好效果。

2. 推出亲子系列活动

陪伴是最长情的告白。对孩子来说，父母的陪伴、家庭的温暖是不可替代的。上城区率先推出“每周一天家庭日”，倡导开展亲子同走一条研学之路、共读一本幸福之书、开启一次艺术之旅、共享一场运动之趣、体验一回家务之乐的“五个一”亲子活动。

案例 7-1-4　上城区“国学亲子诵读”项目

与经典同行，与圣贤为友。“学习圣贤经典 继承传统文化”国学亲子诵读系列活动自2015年4月开展以来，每周日晚上坚持开课，惠及8000余人，参与经典诵读活动的亲子队伍越来越壮大。每年我们都会对参与亲子诵读系列活动的家庭进行调查，满意率达到百分之百。

家长志愿者柯竹君通过诵读经典，自己本身发生了改变。她原本社交圈很小，自己本身的正能量也不多，而且老是看到社会不好的一面，不愿也不敢和外界社会多接触。但是在女儿的鼓励下，她当了志愿者，不但当了志愿者，还学会了写博文，准备着给读书会的孩子带读，当带读老师。正是这些改变，她整个人都变得开朗、豁达，社交圈广了，朋友多了。

小志愿者朱伯聪从一开始的家庭氛围紧张，经常为了作业闹得鸡犬不宁，在亲子共读活动下，与父母的关系逐渐改善，家庭生活更加和谐、幸福。两年时间里，他已经能背诵《大学》《论语》《中庸》，熟读《老子》《孟子》《诗经》，人也变得自信、快乐起来，学习习惯也开始有所改善。

（杭州市上城区社区学院）

该案例中，不仅实现了亲子共读，让家长和孩子一起学习同一课程，彼此之间成为最好的学习伙伴，培养了亲子感情，融洽了亲子关系，而且通过家长志愿者、学生志愿者形式，家长和学生共同参与了课程的管理与实施，为他们搭建了一个学习、成长和展示的平台。

3. 建立“淘活动”网上平台

在“双减”政策的宏观背景下，学生及家长面临着课后及周末去哪里的问题。为挖掘课后及周末活动的无限可能，上城区推出杭州市首个公益性青少年研学“淘活动”平台，在“淘活动”平台（见链接7-1-1），学生、家长可以一键选择研学、阅读、运动、劳动等各类实践活动。当前，该平台已联动30余家社会机构，进驻100余家场馆，为上城学子提供上千种精彩纷呈的实践活动。在“淘活动”

链接 7-1-1
淘活动平台

平台，家长和孩子可以报名精彩纷呈的各类亲子活动，从而有效提升亲子陪伴的质量。2022 年，“淘活动”2.0 版本精彩亮相，并正式发布“走读新上城”十大研学路线，让上城的学生与家长们在“同走一条研学之路”中赓续红色血脉，传承宋韵文化，弘扬清风正气，感受上城的幸福文化底色。

案例 7-1-5　上城区校园科技行淘活动

2021 年 3 月 28 日，由上城区青少年活动中心主办的上城区首个“家庭日”正式启航，通过“淘活动”平台线上报名的 200 余对亲子纷纷来到杭州市胜利山南小学参加活动。参赛者以家庭为单位进行比赛，在本学期除了参加本站比赛之外，还要参加其他 5 站的比赛，最终争夺总冠军家庭称号。同时，各个亲子家庭还体验了各项趣味运动，如“青蛙过河”“愚公移山”“电磁现象”“运动与力”等二十多个项目。活动中，孩子们惊叹于永不结冰的温暖之路，与自然和谐共生的火鸡孔雀之家，以及可以围观金鱼畅游的生态循环厕所。孩子们灿烂的笑容，家长们幸福的表情，都充分体现了亲子陪伴的无限魅力与重要意义。

本次活动践行着“童年应该快乐”“成长需要陪伴”“身教重于言传”的教育理念，让每周一天的家长日为在不断奔波拼搏于学业之路上的家长和孩子们按下暂停键，享受体会相处之趣，任由温情脉脉的亲子时光流淌于彼此心间。让每周的家庭日陪伴成为孩子心中期待的光，成为他们能够铭记于心温暖而强大的力量。

（杭州市上城区青少年活动中心）

通过“淘活动”平台，家长以“线上报名＋线下活动”的形式参与亲子活动，为学生的成长助力。现代社会竞争日趋激烈，年轻的父母大多把大部分精力都用在工作及不断学习、提高中，亲子间的交流与陪伴的时间越来越少。依托“淘活动”平台，家长和孩子就可以把自己喜欢的活动放入“购物车”，一起参与各种亲子活动，增进亲子关系。

“淘活动”校外研学平台的开放，让学生的周末有了更多的选择。家长可通过各类移动设备端，使用孩子学籍号（身份证号码）作为唯一账号在“淘活动”平台登录，之后就可以像逛淘宝一样，把心仪的活动加入“购物车”，线上报名，线下活动，实现上城中小学生校外研学实践活动一键搜索、多元选择、全面发展。

深化基础教育综合改革，落实家庭、学校、政府、社会各方责任，完善新时代家校政社协同育人机制，加快推动学校高质量发展，构建德智体美劳全面发展的育人体系和多元主体协同参与的治理体系，是当前和今后亟须深入思考并持续探索的重要课题。“十四五”规划中明确指出：“构建覆盖城乡的家庭教育指导服务体系，健全学校家庭社会协同育人机制。”这意味着家校政社共育是我国当前及以后一段时间的重要教育议题。习近平总书记在 2018 年全国教育大会上指出，“办好教育事业，家庭、学校、政府、社会都有责任”，强调了家庭、学校、政府、社会在教育中缺一不可。这表明，家庭、学校、政府和社会不是相互孤立的教育“孤岛”。当前，我国的未成年人教育面临诸多难题，单靠学校或家庭发力是不可能有效解决的，只有家庭、学校、政府、社会协同共育，构建科学、完善的育人网络，才能更好地巩固学校育人成果。特别是在“双减”政策背景下，更需要政府积极推动建立多方协同、统筹推进、共同治理的“大教育”治理格局，加快推进家校政社协同育人体系建设。上城区的学习中心将进一步深化研究不断完善体制机制，为上城美好教育贡献力量。

第二节
教育共同体下的新型师生关系

⊙

学习中心的新型师生关系是教育共同体师生教学关系中最重要的人际关系，深刻反映了教育共同体的实践样态。在学习中心，新型师生关系直观体现在师生的关系、角色和行为发生了改变，学教方式的变革为新型师生关系提供了保障，教师团队建设为新型师生关系提供了内在可持续发展的动能。

一、新型师生关系的表征

师生的关系、角色和行为发生改变，是学习中心新型师生关系的直观表征，也是师生关系的核心所在。与传统课堂相比，教师的主要功能从教授学生学习转变到引导和促进学生独立自主学习，从传授者转变成指导者和促进者，从单向地讲授课业转变为以学生为中心的教学行为。

1. 从权威到平等

有别于传统教学中教师的专业权威，学习中心的教师团队因兴趣而集合在一起，更具亲和力。学生面对自己喜爱的课程，乐学而善思。学习中心的教学不以考试成绩为评价目标，师生关系变得平等、民主、开放、包容。例如，浙江省师范大学附属丁蕙实验小学“蕙学 +”学习中心的学生，在开展小板凳项目研究的时候，学生从板凳的演变、板凳的形态、板凳的制作工艺等开始了解，小组分工明确，有的上网调查，有的深入图书馆，有的走进木工坊，教师根据他们的项目的进展，不断进行引导、点拨，尊重和信任这些学生，陪伴他们一起开展活动，完成项目，给予学生极大的发挥空间和创作自由。

师生平等开放，亦师亦友，让学生更愿意将教师作为学习伙伴，当面对未知领域的探索时，教师和学生共同学习，互学互助。

案例 7-2-1 师生合作制陶艺

2021 年 9 月，时逢建党百年举国欢庆之际，活动中心的两名教师与六名学生一起设计创作陶艺作品。经过多次头脑风暴，最终确定的作品主题是：体现新时代人们多姿多彩的幸福生活。他们用陶泥烧制成各种大小造型不同的砖片和正方体框，框内有人形、车形、树形等，以不规则的方式将这些砖片搭建拼接起来，形成高低起伏的造型。从不同的视角看，这件作品可以有不同的解读：有的学生说像城市的摩天大楼，有的说像游乐园，也有的说像学校的教学楼……作品寓意“共筑、共建、共享”当下的美好生活。该作品的创作历时小半年，创作过程中有设计方案不满意的苦恼，有烧制失败的沮丧，但当《快乐当下》这件规格为 5 米 ×5 米 ×3 米的陶艺作品呈现在观众面前时，学生与老师的内心是激动的，是喜悦的。

（杭州市采荷实验中学）

该案例中，教师和学生们一起创作陶艺作品。在这个过程中，他们是一个项目团队，从方案制订到作品完成，教师与学生平等沟通，教师变成学生学习的引领者、参与者、合作者，学生作为教学活动的主体，通过学习与思考全身心投入到陶艺制作中，并与文化、美术、设计等诸多学科有机结合，训练学生的创造思维能力，提高其审美能力，满足学生个性化、多样化的发展。学生对陶艺作品的不同解读，体现出对陶艺工艺的独特思考与创新理解。

2. 从传授者到引导者

区域学习中心倡导自主化、真实化学习，教师"退居二线"，成为"隐形"的教师，将更多的时间和任务交给学生，将教育和引导融入任务设计、微课资源等，成为"引导者"甚至"旁观者"，仅在学生有需要时给予适当帮助。在博雅小剧场，教师时常和学生一起表演，在这里，没有教师，只有"角色"，学生和教师都在不知不觉中融入了故事。在杭州市天长小学数学小实验体验中心，学生做数学实验的方法都是小组成员自己讨论出来的，他们互相合作、互相帮助，教师会请大家耐心地互相倾听不同组的方法，一起分析改进步骤，让学生体验到参与感和成就感。

3. 从集体授课到私人定制

学习中心为学生面向未来做准备，除了师生关系和行为发生变化，教师的职能也随之改变。当学生需要个性化课程和内容时，教师会根据学生的兴趣、特长和爱好为其进行私人定制。当学生面对未知且富有挑战的探索而难以克服时，教师还会给予一对一指导，甚至邀请校外专家进行答疑解惑。小 L 是杭州市崇文实验学校小学数学与科学创新研究中心的成员，他善于观察和思考，热爱探究，总能提出许多有价值的问题。读五年级时，他受自己做小报时直尺不够长这一现象启发，萌发了优化直尺功能的想法。当他将想法与导师交流后，导师先指导他设计调查问卷了解同学们的实际需求，然后为他专门定制了课程，使其储备相应的知识。导师每周固定时间指导他对设计方案进行完善，并及时记录文字进行论文撰写。共历时一年，先后推翻了三个不同的设计方案，画了上百幅设计图纸，最后将“导轨式直尺”确定为最终方案，有效解决了常规直尺不便于画延长线和平行线的问题，最后还将设计以 3D 打印的方式呈现出来。小 L 的设计获得了浙江省青少年科技创新大赛一等奖，也成功申请了实用新型专利。他在教师的帮助下，用实际行动一步步将自己的一个小想法变为现实，在创新研究这一领域获得了显著的成就。

案例 7-2-2 教师倾听学生的需求

“小河坊”社会体验活动中心在学习中心成立之初，教师就向中大班的招生对象进行了活动项目、喜好程度等方面的调查（见图 7-2-1）。据统计，54.4% 的中大班幼儿更偏向学习传统工艺类的内容。因此，教师将活动的第一阶段聚焦于传统工艺类。其中，排名前四的分别是南宋陶泥、木工坊、灯笼铺和其他，再进一步统计在“其他”选项出现较多的项目内容，由此便有了首期学习中心的预设内容。

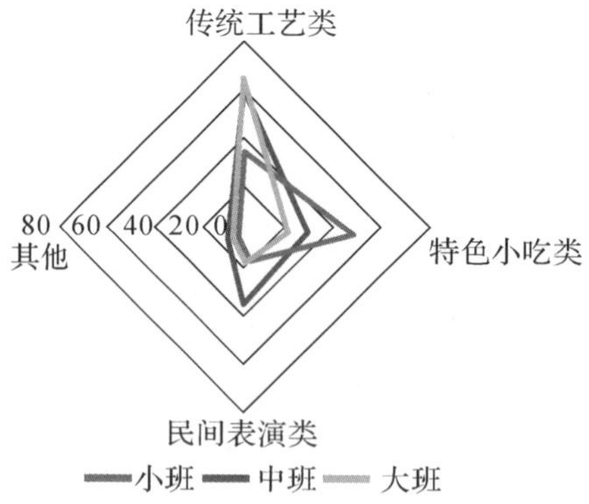

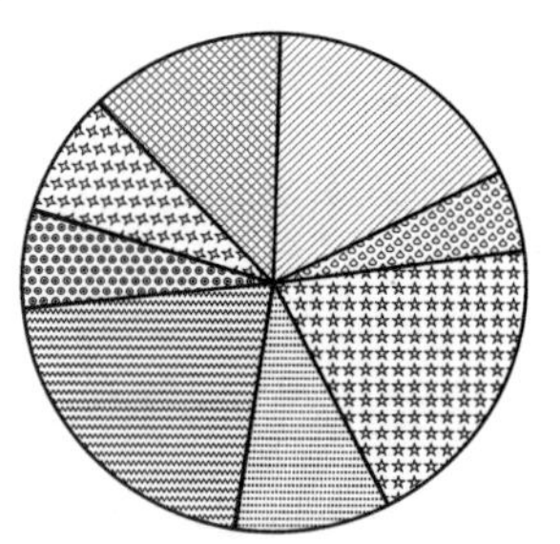

图 7-2-1 “小河坊”社会体验活动中心对幼儿喜爱内容的调查结果

（杭州市紫阳幼儿园）

该案例中，通过对学生喜爱内容、年龄结构等相关内容的分析，教师针对性推出传统工艺类课程项目，并探索推出混龄结伴的方式开展学习中心的各项活动，让学生在实践操作中更加了解杭州的传统文化。

在学习中心，教师和学生的关系是平等的、互学的、多元的，这样的师生关系不仅体现在学习主体或课程设置上，还体现在学习的点滴过程中。学习中心的教师们既是课程的讲授者、项目的合作者，也是学生们成长的记录者和启迪者，他们通过文字和照片记录学生在学习中心的成长点滴和进步瞬间，并在学生们遇到问题的时候，化身为“催化剂”和“活性剂”，引导学生思考，协助其解决眼前的问题。

二、新型师生关系视野下的学教变革

新型师生关系的稳定表现并非空中楼阁，作为教师的教与学生的学的重要链接——学教方式的变革为新型师生关系提供了重要保障。区域学习中心基于人性化、自主化、多样化、终身化的教育目标，在主动型、户外型、创新型等新型学习空间的创建中，集结专家、教师、校外力量等多领域多层次的人员形成共同体团队，开展真正基于学生需求、促进学生全面且终身发展的个性化教学。学习中心的课程内容是国家基础课程之外的拓展内容，以培养能够面向未来机遇和挑战的学生为发展目标，形成多样、自主、灵活的新型学习方式。

1. 游戏化学习

喜爱游戏是孩童的天性。游戏化学习就是教师根据学生对游戏的天生喜爱心理和对新鲜事物的好奇心理，通过设计富有趣味和挑战的游戏活动进行知识传授和能力培养的方式。该学习方式寓教于乐，以人为本，有助于培养学生的主动性、创造性和协调发展的多元智力。学生在游戏化学习中轻松愉快地学，教师在游戏化学习中水到渠成地教，两者相互促进，共同成长，游戏化学习也因此成为学习中心的一大特色学习方式。

杭州市上城区喜洋洋幼儿园的“科学游戏体验中心”就抓住了幼儿充满好奇心、喜欢动手、热爱游戏的心理特点，设计开发包括生物、物理、化学等领域在内的“一起来探索”科学实验活动和方块游戏、木砖游戏、数字塔游戏等尼基丁数学游戏，并借助 AR 技术开发的 AR 幻境幼儿智能学习机，致力于发现和保护每一个幼儿的好奇心，支持和激励每一个幼儿进行科学探究和科学创造。例如，在“有趣的影子”主题里，学习中心设计开发了“量量影子有多长”“神奇的影子”“炫动光影”“影子怪兽”等游戏内容，引导幼儿在量影子、玩手影游戏、寻找影子、创造影子、影子怪兽变大变小等科学体验游戏中，探索影子的形成和变化。

“阿 U 幻境”是一个比较有趣的科学活动，鼓励幼儿自主设计小鱼的形象，没有统一的标准答案，但是想要让小鱼独立地游来游去，在绘画的时候就要控制好两条鱼之间的距离。教师先讲解如何进行这个活动，然后让孩子们自己动手画两条鱼。欣欣一开始画了两条挨在一起的小鱼，当她用幻镜扫一扫时，发现两条小鱼在屏幕中是连在一起的。欣欣想了想，又在纸上画了两条小鱼，这一次两条小鱼间的距离变大了。她再用幻镜扫一扫，观察到两条小鱼不是在一起游动，而是独立游动，欣欣很开心。这样的科学活动以丰富的 AR 互动场景，拓展了幼儿的思维，在不断试错调整的过程中，助推了幼儿的深度学习。

“玩”是儿童联系外界的重要方式，儿童的思维发展需要行动的支持。如果阻断动作，思维将会受阻。例如，杭州市天长小学“数学小实验学习中心”的教师经常运用游戏的学习方式，借助有趣的实验器材，创设生活化的实验场景，发挥学生的学习潜能。“巧移汽车”这一实验课采用的学具是互为障碍的多辆小汽车。实验要求在固定的方格中按照一定的移动规则移开障碍车辆，使得目标“红车”开到出口。设置障碍的小汽车数量可以根据闯关难度逐步增加。在课堂中，富有吸引力的游戏情境能够迅速激起学生的数学学习兴趣，让他们带着目标去探索。学生通过观察、比较多种解围路线，会发现最后一辆车是解围路线的症结所在。在数学实验中，教师利用游戏化学习及时引导学生在具体直观和抽象概念之间搭建桥梁，实现从具体方法到数学思维方式的提炼，从而突破原有认知，发展学生的逆向思维能力。

2. 项目化学习

项目化学习是指在较长一段时间里，学生在真实情境的问题驱动下，调动知识、能力、思维等创造性地解决问题，并形成公开成果。该学习方式有助于培养学生的合作、创新、问题解决等多种能力，最终对核心概念或跨学科核心概念有进一步的理解、重构和迁移。区域多个学习中心就采用了该学习方式。

例如，杭州市胜利山南小学（原杭州市教育科学研究所附属小学）的“校园工程师学习中心”，以校园学习生活场域的改良和优化建设为实践目标，引导学生基于校园生活中发现的实际问题，在校园真实场域内学习实践并加以解决。有学生团队通过持续观察和实地考察，发现学校厕所存在以下情况：厕所设备比较陈旧，通风、采光不好；便池冲水装置经常坏，水资源浪费，不环保；厕所色彩单调等。学习中心便以“如何改善阵阵异味、采光通风不好、经常浪费水、美观程度不高的厕所环境”为驱动性问题，综合运用采访调查、实地监测、讨论设计、制作模型、宣讲竞标、完善设计、实施改造、体验调查等一系列实践策略，引领学生创造性地完成学校厕所改造工程（见链接 7-2-1）。当学生发现通过自己的设计和努力让学校的厕所变得干净、整洁、美观、环保时，不仅会觉得该项目有趣好玩，还会有满满的成就感和责任感。

链接 7-2-1
胜利山南小学
厕所改造工程

案例 7-2-3　杭州市胜利山南小学厕所改造工程

这个项目带给我们的收获很多，我们学会了如何利用所学知识去解决现实生活中发现的问题，学会了结构设计和环保设计。我们还学会了如何搜集资料，而这些都是在书本中学不到的知识。在设计图纸和制作模型阶段，我们一次次改进设计，一次次修改模型，边设想边创作，遇到了许多不可预见的困难，也出现了几次小返工，但是在团队成员的齐心合力、团结协作下，困难最终一一化解。当一个集生态环保、智能科技、有趣创新于一体的现代化生态洗手间真实地呈现在我们眼前时，我们成就感满满，为团队感到骄傲！

不过，我们的改造并没有完全成功，因为在活动过程中，我们发现了更多的挑战性问题。比如，如何设计男生小便池的红外线扫描仪，如何选用 DIY 墙面材料以节省施工费用，如何筹集资金等。我们的团队将继续努力，我们也期待着更大的成果！

（杭州市胜利山南小学学生）

这一案例中，教师教、学生学的传统教学方式得到了改变，以师生学习共同体为载体促进师生间沟通交流，以项目化形式展开教学，实现教学相长。厕所改造工程遵循“提出跨学科的真实问题—选取用于问题解决的不同学科视野—综合探索解决问题—整合形成跨学科成果和新理解”的过程，引导学生将所学知识和实际生活联系在一起，培养他们发现问题、解决问题的能力，在活动过程中拓宽知识面，开阔视野，最终激发学生的探索欲，提高学生平衡机遇与挑战之间的能力。

3. 具身化学习

具身化学习是一种通过活动将身体融入学习过程的方法，强调学习是基于身体主体地位和身体经验、“心—身—物”互动建构、“全身心”参与课程经验的过程，尤其是需要积累大量认知经验的儿童时期，更需要通过身体的各个器官来感知、体验、理解和共情。具身化学习倡导身心合一，即从一种“离身”的教学观走向“体知”的教学观，与传统学教方式相比，具身化学习更容易让学生获得真实的生活体验，推动学生全面立体地发展。

例如，杭州天地实验小学的“小学戏剧体验中心”以“具身化学习”为教学理念，引导学生通过身体感知与体验的方式获得对外部世界的理解（见链接 7-2-2）。它强调身体在戏剧体验过程中发挥的关键作用，是一种体现“身心融通”的新型学习方式。学习中心的课程目标指向探讨“身体与认知”“身体与体验”“身体与共情”的关系，通过戏剧最终实现身心合一的效果。

链接 7-2-2
天地实验小学
戏剧学习中心

“梦幻森林”是戏剧体验中心最新研发的活动主题，通过“身体游戏—感官训练—情境体验—探讨身体”四个具身化教学板块及游戏、肢体动作、扮演等活动，使学生更加了解自己的身体。在教师的带领下，学生探讨生活中遇到的困难及应对方法，在活动体验中不断调整自己的身心。

表 7-2-1　小学戏剧体验中心研发的课程《梦幻森林》

板块	参考做法 / 注意事项	具身化关注点
板块一 身体游戏	热身游戏“抓尾巴” ·每个学生分派一条色带，放在裤子后当尾巴 ·学生们必须取走别人的尾巴，同时也要保住自己的尾巴不被别人取走 ·失去尾巴者必须离场。教师可以安排他们在场地边做观众，防止有尾巴者贴近场边	观察力 注意力与焦点 身体协调能力
板块二 感官训练	讲个故事 ·讲解故事梗概：故事主人公明明和小雨，都是狮子大王的仆人。明明很笨，经常摔跤，而小雨非常胆小。有一天，他们听到一个传说：梦幻森林有一个梦幻大树，长出的果子可以实现愿望。两个伙伴为了变强，决定前往神秘的梦幻森林 人物创作 Step1：学生练习不同的行路方式，以身体不同部位感受步行时各部位的动作。例如，鼻子、手肘、手臂、臀部、脚趾等 Step2：模仿及创作明明与小雨的行路姿态 明明：呆头呆脑、经常被东西绊倒，但是依然很开心 小雨：胆小，走起路来缩手缩脚	想象力 模仿能力 身体敏锐度

续表

板块	参考做法 / 注意事项	具身化关注点
板块三 情境体验	情景模拟 ·学生演绎其中的一个角色，然后在场地中步行。同学聆听老师说出角色不同的心理变化，并作出反应 ·由于经常失败，被别人取笑，人变得毫无自信 ·听到一个传说，吃了梦幻森林中的梦幻果子就可以成为强者，心里慢慢有了希望 ·梦幻森林是个神秘的地方，没有人去过那里，心里不免有些慌张 ·想到自己会成为强者，能够光宗耀祖，亲人们必定喜悦万分，加强冒险的决心 ·成为强者，就能帮助狮子大王统治森林，分担重要的工作，这种想法使内心充满了力量，更要闯一闯	想象力 创造力 理解力 共情力
板块四 共情理解	谈话映射 ·抓尾巴游戏，你觉得身体的什么本领使你取得了胜利？又或为取得胜利，自己身体哪方面需要训练？ ·刚才的角色扮演中，你觉得哪个环节做得最好？ ·你有和主人公相同的经历吗？你的心理经历了怎样的变化？	身体感知 心理认同 整合调节

具身化教学不仅仅是一种具体的教学方法，更是一种坚持“以人为本”、尊重“多元发展”的教学理念。它的优势在于解放师生的身体，不再把“排戏”“导戏”作为主要的教学形态，而是强调为“身体学习”创造丰富的环境。此外，这种方法的优势还在于将过去的“小演员训练”转变为感官觉醒、亲身感知、角色体验的课程教学，让儿童获得身心解放与幸福感。

4. 创客学习

创客，即把创意转变成现实的人。创客教育是一种融合信息技术，秉承“开放创新、探究体验”的教育理念，倡导学生自己提出问题并利用自己的创造力解决问题的学习方式。在创客学习中，学生可以将各学科所学的知识综合运用到实践中，成为具有创新意识、创新能力和创新思维的创新型人才。

“创意智造学习中心”设置了科技制作、劳技手工、创客空间、数字加工四大区域。从开源硬件、辅助耗材、基本工具，到传感器、开发板、扩展板，应有尽有，充分满足学生创意智造的需求，打造一个创意智造的梦工厂。例如“猜拳神器”，学习中心通过视频了解项目目标，利用 Tinkercad 平台设计模型，并使用激光切割机将设计转化为现实，最后利用舵机、Arduino Nano 主板、超声波传感器、Mind+ 图形化编程软件等各项硬件和软件实现猜拳机器人的运行，并进行适当的美观设计和改进，以此培养学生掌握基本数字化工具的使用方法。体验从选题、方案设计、草图绘制到程序实现、制作测试、迭代优化的过程，启发学生的创新实践意识，播下一颗创客的种子。

当然，不同的学习中心有不同的历史背景和开设需求，会开发不同的课程内容和与之相匹配的学教方式。例如，杭州市回族穆兴小学的“民族游戏体验学习中心”，建设了竞技类游戏课程和体验类游戏课程。前者主要用于学习我国各民族竞技类的游戏项目，后者主要用于体验各民族的民俗民风、民族艺术等内容。这两类游戏课程的开展，旨在引领学生在游戏体验中深化对民族的理解，并增进同伴间的合作交流，提升学生的身体素质和艺术素养。

三、新型师生关系的内生动能

学习中心坚持以学生发展为本位，以共享共建、共助共赢、协同探究的活动空间为育人新场域，以学生综合能力、创新思维的培育为指向，力图为每位学生提供适合的个性化学习空间。在学习中心，教师不仅是陪伴者、合作者，也是私人教练、资源的发现者。新型的师生关系让各种学教方式成为可能，同时也对教师团队建设提出了极高的挑战。为保障师生关系的可持续发展，需要革新传统的“一对一”教师组织模式（即单一的某位学科教师完成单一的某个教学任务），以全新的模式重组教师团队，让教师变成首席学习者，以此引领学生更好地开展研究，而这也正是新型师生关系的内生动能。

1. 1+N：让教师成为最重要的课程资源

随着学习中心的师生关系、学教形式及课程内容的变化，传统的单学科教师备课并开展教学的模式已不能满足学生的需求。为了让学生得到更深入的兴趣激发和专业启蒙，很多学习中心的教师团队建设采用了“1+N”模式（见图7-2-2）。“1”是学习中心的核心人物专家教师，在某个领域有较深造诣，具有一定的影响力。基于对专业的热爱，他不断地自我学习，同时他也希望有更多的学生得到该专业的启蒙教育，并在实践体验中形成认知，产生兴趣。学习中心的正常运作不仅需要专家教师的引领，也需要团队成员“N”的助力。“N”可以是有各种资源助力的学校行政教师，可以是提供数字化支持的信息技术教师，也可以是不同学科的骨干教师。

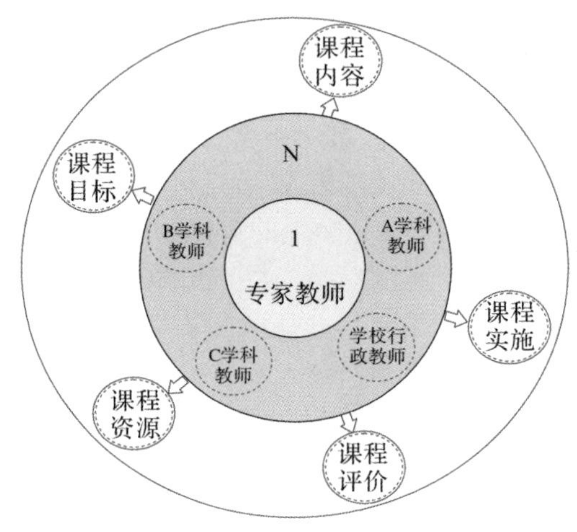

图7-2-2 “1+N”团队建设模式

此外，由于学习中心的专业课程体系是团队教师在专家教师的引领下，合力开发的专业课程体系，包括课程目标、课程内容、课程实施、课程评价以及支持学习的相关资源。团队教师并非独自工作，而是互学合作，通过实践检验课程的可行性和适从性。当学生的实际反馈与原先的课程设计有偏差时，团队教师将进一步迭代课程内容，以满足学生的需求。

“1+N”教师团队建设模式通过专家引领团队教师，实现以点带面，在赋能教师成长的同时，还集结了有相同兴趣爱好的团队伙伴，以共同体形式实现优质资源的均衡，这种模式使得教师真正成为了重要的课程资源，以共同体形式实现了优质资源的均衡，真正从根本上助力了学生的发展。

2. X+N：培养教师的“专家思维”

学习中心是对传统学校教育的拓展与重构，是一种开放型学习空间，学习中心注重发展学生的个性、培养学生的专业技能以及问题解决的相关能力。很显然，这样的目标进一步明晰了学习中心的培养需求：以培养学生“专家思维”为最终导向。要想给别人一杯水，教师自己就应有一桶水，学习中心的教师自身理应具备这样的“专家思维”。那如何培养每一位教师的“专家思维”呢？不少学习中心采用“X+N”团队建设模式（见图 7-2-3）。“X”是学习中心的专家团队，他们对某些领域有较深的研究，并有一定的影响力，希望给学生带来该专业更多的启蒙，以进一步培养学生的兴趣。“N”即校内各学科的骨干教师。专家团队与骨干教师通过双向选择，最终确定团队成员，共同为区域学生服务。

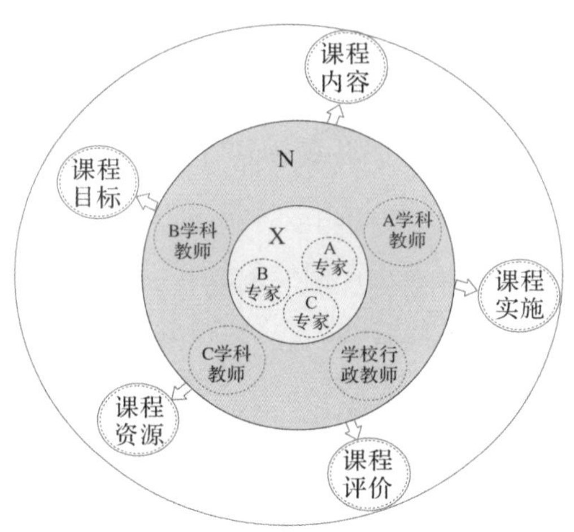

图 7-2-3 “X+N”团队建设模式

“X”专家团队和“N”教师团队形成共同体，合力建构学习中心的课程体系。倘若“X”专家团队已经初步开发了相关课程体系，则“N”教师团队需要在学习的基础上实践课程内容，并根据学生的反馈与需求，与“X”专家团队共同修改完善课程内容，使课程更具操作性和科学性。

“X+N”团队建设模式促进教师的自我学习与成长，教师在与专家的互动中不仅能学习相关专业知识，同时也能学习到专家的思维模式。在与学生的互动中观察研究学生的学习状态，不断完善课程。梳理学习该领域后可具备的学习方法、学习能力及可以形成的某种思维方式，即“专家思维”。因为“N”教师一开始并不是该领域的专家，所以“N”教师需要在“X”专家的引领下先学习相关领域的专业知识、技能以及专家们的思维模式。

该模式下的师生互动是以培养“专家思维”为前提的。教师与学生一起开展学习探索，在与学生的互动中观察研究学生的学习，当学生遇到一些困惑或问题时，教师以目标为指向、以方法为抓手，通过提供系列有结构化的学习支架帮助学生思考，并让其经历专家的思维过程，从而建构知识和习得技能。

3. N+N′：让老师成为优秀教练

与传统的基础教育相比，学习中心更具综合性与专业性，也更关注学生的个性化需求。当学生在某方面有特殊学习需求时，教师便成为学生的私人教练。具备私人定制功能的学习中心团队建设往往运用“N+N′”模式（见图 7-2-4）。“N”指校内不同学科骨干教师组成的学习中心团队成员，他们在实施课程的过程中启发学生提出感兴趣又可研究的课题。当学生朝纵深方向研究时又

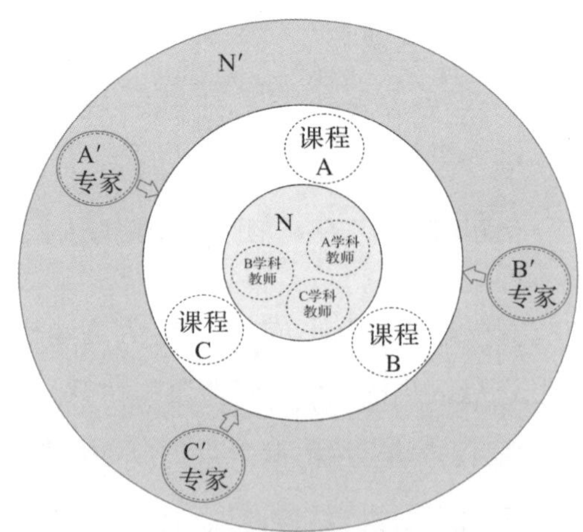

图 7-2-4 “N+N′”团队建设模式

会产生新的问题与困惑，而学习中心的教师在专业上可能无法提供支持或帮忙解决，于是需要寻求资源库中的外援专家“N'”的帮助。“N'”可能是学校教师，可能是某社区、某政府的专家，也可能是某领域成就突出的家长。这种模式下的师生关系已不再是传统意义上的“学生跟着老师节奏走”的权威关系，而是“一生对一师”或者“一生对多师”的民主关系。教师在这个过程中不仅是学生的私人教练，更是学生的研究伙伴，他们一起讨论问题、一起设计方案、一起开展研究、一起发现并解决问题。这种模式不仅可以更好地帮助学生分析问题、解决问题，满足学生的个性化、专业化的学习需求，还有助于平等、民主、互助的师生关系的建立。

例如，杭州市崇文实验学校“小学生数学与科学创新研究中心”的小Z，他从小就非常喜欢篮球和数学，所以在选题时他将两个爱好结合在一起，确定了“数学统计篮球进攻效率的研究”主题，用篮球赛中的统计数据分析球员们的进攻表现。与小Z结对的导师是一位数学老师，能指导小Z对数据进行分析，但对篮球比赛的相关知识背景缺乏了解。由此，小Z又找到了师资库中的一位体育老师，在与这位导师沟通后发现进攻效率除了涉及投篮、罚球得分外，还涉及篮板和防守得分，如此一来研究点太多难以统计，于是讨论后把题目改成了“数学统计篮球进攻中个人得分效率的研究”。最后在两位导师的帮助下，小Z的研究获得了当年的创新研究室杰出成果奖，这也是创新研究室相关比赛的最高奖项。

新型师生关系的建立是学习中心教育共同体建设的重要内容之一，新型教师团队建设是新型师生关系可持续发展的重要保障之一。当然，不同学习中心的实际情况不同，需求也有所不同，因此团队建设模式也并非一成不变。学习中心可以在不同的阶段根据不同的需求选择不同的团队建设模式，也可以将以上几种模式融合使用。但不管是哪种团队建设模式，团队教师都要需要以学生为本，形成互助共同体，在和谐的学习氛围、良好的师生关系中真正促进学生综合素养的发展与提升。

第八章

畅想：未来教育新场景

教育对象代表着未来的希望，教育离不开对未来的畅想。上城区积极探索区域学习中心建设的可能性，经历几次升级迭代后的学习中心，在助力上城学生幸福成长方面做出了独特贡献。本章从优质均衡、多元多样、经验辐射、多方融合等方面对学习中心的未来发展提出要求，旨在通过自选化的学习内容，自主化的学习方式，多方融合的学习场景，信息化的学习渠道，促进每个学生健康快乐成长。有了学习中心，上城学生的学习平台与机会更加广阔，上城学生的风采面貌更多元了，上城学生的创新性思维、实践性能力更完善了。学习中心作为上城区创新教育的重要成果，正是在对“未来什么是好教育”的充分畅想的基础上踏实推进的结果。

第一节
让上城学子幸福成长

⊙

以儿童为本位，以学生为中心，推动区域内各学校、各机构在教育资源配置、学习空间建设、智能技术方面实现开放共享。帮助学生自立于未来，追求真善美和幸福人生是区域学习中心建设的价值取向。在实践探索过程中，学习中心建设要把握全面发展的方向，聚焦素养，面向未来，从而成就学生全面而个性地发展。通过自选化的学习内容、自主化的学习方式，促进每一个学生健康快乐成长。

一、优质均衡，为上城学子提供更广阔的学习平台

目前，我国社会的主要矛盾是人民日益增长的美好生活需要和不平衡不充分的发展之间的矛盾。这种矛盾在教育领域，主要表现为教育资源因为发展的不均衡无法充分满足人民群众的教育需要。上城区教育局以“高水平建设优质均衡、人民满意的美好教育引领区”为目标，凸显“高质量”和“共同富裕”。“共同富裕”意味着区域内不同学校的学生都拥有平等享有优质教育资

源的机会。然而，同区域内不同学校的发展也会因师资、理念等的差异呈现出不同态势，产生“不平衡”现象。上城区秉持着以学生发展为本的理念，不断深化学习中心建设，使其成为撬动教育教学改革、促进教育优质均衡的重要支点之一。因为有了区域统筹，顶层设计以及教育局、教科研机构、学校等三个层面的齐发力，使得原本各自为政的学校课程发生了转型。优质均衡的课程让上城学子拥有了更广阔的学习天地。

1. 三力齐发，学习资源质量实现了飞越

学习中心项目由区教育局分管局长挂帅，区教育局职能科室跟进，教科研机构全程参与，对学习中心建设进行整体规划、机制创建，从宏观的顶层设计到微观实施，在政策上、经费上、专业上对学习中心建设给予多维支持及保障，形成了区教育局、教科研机构、学校三力齐发的局面。按照规划先行的思路，学习中心及其课程建设着眼于学生发展需求及目标，聚焦科技发展、社会发展的热点和重点，重视学科拓展、体艺特长、实践活动等。如“数学小实验体验中心”“数学绘本阅读体验中心”“科学游戏体验中心”“天马行空科技馆”“综合绘画”等学习中心，是基于学科核心素养，旨在拓展学生的知识面，激发学生的学习兴趣；“小学戏剧体验活动中心”“儿童艺术学习体验中心”“‘荷韵’剪纸基地”“陶艺馆”等学习中心，是基于学生的多元智能和兴趣爱好，旨在培养学生的体艺特长，养成良好的锻炼习惯、积极的生活态度和高雅的审美情趣；“‘未来科学＋’探究厅”“创意智造学习中心”“新型 STEM 学习中心”“小学生中华传统文化学习中心”“‘小河坊’社会体验活动中心”“小学生数学与科学创新研究中心”等学习中心，旨在增强学生的社会责任感，引导学生体验生活、探究自然、了解社会，着重培养学生动手实践、科学探究、团结协作、服务社会的能力；“绿色生态体验园”“‘小农夫’体验馆”“阳光农场”“小学新劳动实践力体验中心”等学习中心，旨在增强学生的劳动技能和实践能力，以体验式、沉浸式的过程让学生亲身感受劳作带来的乐趣。

为保障多渠道筹措资金以打造学习中心必要的软硬件环境，区教育局除了

对建设装备进行预算规划外，还在上城区教育发展基金会的学校发展“春竹奖”奖项中设立了“学习中心”专项，主要用于学习中心的运作及奖励。教科研机构则充分发挥了研究指导的作用，指导学校从课程建设、空间建设、学习方式变革、资源汇聚等方面做好设计，让学生在学习中心的学习更科学，真正利于其成长。学校则发挥校本优势，利用所在地资源承担起课程开发、学习中心运营的主体责任，保证区域内的学生在学习中心获得优质学习体验。三方齐发力，让学习资源的质量得到了三重保障。

2. 走校流动，学生成长拥有更多可能性

为促进资源的开放共享，学习中心之间开展了有组织的“走校”。首先是结对建圈，试点学校互相之间结对走校先行，接着由建成的学习中心向周边学校建圈辐射。学习中心所在学校与参与课程学生所在学校积极“联动”，做好宣传，加强对学生选课的指导，引导学生根据自己的兴趣和爱好自主选择课程。学生所在学校积极创造条件，保证学生有时间跨校选课，在路途上有安全保障。有的学习中心则采取教师主动“走校”、为学生“送教上门”的模式。同时，学习中心根据课程特点及学生跨校选课的实际情况，调整课时安排，采取分散与集中相结合、长课和短课相结合的方式，为学生走校选课提供时间保障。

学生在学校教师的积极组织下，不仅可以在校内享受本校优质课程，还能依靠走校机制享受区内不同学校的优质资源，并可根据自身兴趣报名相关学习中心，获得更多的学习机会。

学习中心的魅力之一就是学生可以做自己喜欢的事，又有教师在身边支持。走校的流动性，可以把更多的机会展现在更多学生面前，把更多的优质资源提供给更多学生。学生在自己学校无法及时实现的梦想通过校际联动有了实现的可能。

二、特色多样，促进上城学子的全面发展

自区域学习中心建设工作开展以来，在协作化的氛围下，各方参与，建成 4 个区域直管的学习中心和 136 个学校承建代管的学习中心，构成一张服务区域学生成长的“网图”。多领域、多样化的学习中心建设呈现出以下特色，从多维度支持上城学子多样化的发展需求。

1. 践行五育融合，促进全面发展

学习中心建设的价值定位基于人的全面发展，将学习目标统筹到五育融合全面发展的范畴，共同服务于“立德树人”的根本任务，并在各目标之间实现有机统一与衔接。例如，“小学生魅力击剑体验中心”的建设目标不仅在于要使学生通过学习了解击剑文化，懂得击剑礼仪，学会穿着击剑服装，掌握击剑徒手操和击剑规范动作，更重要的是使学生深切感悟到“顽强拼搏、积极进取”的击剑精神内涵。在活动中，促进不同学校、不同年级学生“以剑会友”，培养学生开阔的胸襟、健康的心理、健全的人格、乐观向上的气质和质朴高雅的品质。又如“AI 创新实验室”通过建设数字生物馆，开展主题式、协作式、探究式等多种形式的学习方式，助力学生正确使用实验仪器，提升实验技能，启蒙学生对科学的探索精神，培养智慧教育背景下学生的综合素养。“新丝路”蚕桑文化学习空间则以“了解传承桑蚕文化”为主要内容，以“增进学生的家乡主人翁精神，建立传统文化自信，增强家国情怀和拓展国际视野”为建设目标，开展综合性实践活动课程，促进学生综合素养的提升。

2. 构建多样态路径，满足不同需求

多样态的实施路径满足了不同学生差异化的发展需求。有的学习中心设计适当的融合式课程，通过课程内容的设计和活动策略的实施，在同一课程内满足学生多样化的兴趣需求。如在“快乐鼓圈”学习中心的课程中，通过团体击鼓、即兴演奏的形式，学生不仅能够学习到多项专业打击乐器，如低音鼓、三

角鼓、牛铃等的演奏方法，提升音乐素养，还能与团队中的其他人进行深度交流和互动，有效增强团队的凝聚力。有的学习中心则打破学科边界，全面推进“五育共举”，帮助学生在解决复杂问题的过程中发挥特长作用。又如“STEM智慧生态学习中心”将物联网技术应用于农场实践中，借助温度、酸度、湿度、二氧化碳浓度、光强等各种传感器，进行数据的采集、分析与应用，实现智慧种植。学习中心通过系列主题研究，开发基于智慧农场平台的课程，实现了多学科的深度融合，如信息技术、生命教育、劳动教育、工程技术、美化设计等的结合。学生在实践过程中根据自己的特长、兴趣爱好分工合作，在“五育融合”的基础上有了多样化发展的可能。有的学习中心开发、引进双路径支持多元课程的实施，将机器人实验室与传统计算机教室、人工智能体验室、创客教室等场所复合使用。如“机器人乐创实验室”以利益共享为主要目的，与周边各校和高质量技术开发机构就机器人学习项目共同打造平等、合作、互动的良好格局。考虑到机器人课程的建设需要配套设施和硬件设备作为教学与研究基础，该学习中心一方面建设 P.R. 特色场馆，另一方面汲取市面上已经比较成熟的课程体系，参考大量现有机器人教育品牌的课程资源，筛选对比，选取能融合于学校机器人课程体系的教学配套硬件，支撑学校课程的开发建设，创新融合，形成具有校本特色的 P.R. 系列课程群（见图 8-1-1）。

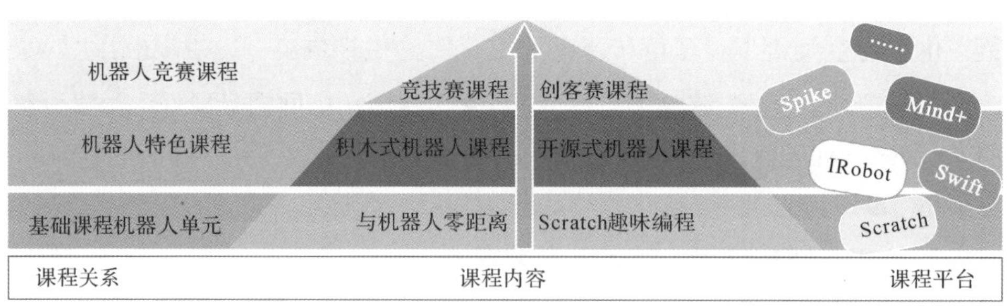

图 8-1-1 “机器人乐创实验室”的 P.R. 系列课程群架构

3. 重构多功能空间，支持深度学习

学习中心建设的终极目标是为每一位学生提供适合的学习空间。学习中心不

同于传统的学校教育空间，它的学习主题鲜明，育人定位明确，是可供学生开展各类实践活动的开放型的新型学习空间。这一空间不需要特意建造，可利用校园边角隐形、浪费的空间，以实现功能与美学的巧妙结合。很多学校的学习中心是多功能育人环境的聚合。例如，丁荷小学将综合楼一层的两室一廊一户外广场、近 400 平方米的物理空间作为 STEM 课程研发中心，并将其分为授课空间、展示空间、微拍空间和制作空间。该物理空间可完成 STEM 云授课区、展示长廊、微拍空间和后期制作室的场地建设，场地符合一室多用的功能要求，深度整合，不浪费教育资源。学校改变仅依靠教室和书本的传统教学方式，利用 STEM 课程研发中心提供的微拍环境，开设“微拍世界”STEM 课程，吸引师生参与，教授微拍技巧，让学生享受微拍这一研究性学习过程，提升学生主动学习的能力。

学习中心建设不仅要考虑符合内部多功能的需求，还应充分考虑外部不同资源主体的介入，并且要充分利用社会教育、学校教育和家庭教育等教育资源的“多元合力”，形成多种资源空间的复合聚集，包括校内校外、线上线下相融合，促进学生的多元化发展。如“儿童艺术学习体验中心”的“甑 · 美时空”古物陈列馆里的展品，是中国美院教授捐赠的。

空间的充分重构与运用，保障了学生在明确的主题场域内展开浸润式全方位的深度学习，令学生的学习效果更明显，学习成就更大。

三、经验辐射，探索未来教育场景之路

上城区开展区域学习中心建设是对未来教育场景打造模式的一种大胆尝试，在全省甚至全国都具有一定的创新意义。区域学习中心的建设打破了校际隔阂，重组了优质教育资源，实现了区域资源的众筹、融通、互补。学生的学习场景不再局限于单一校园，而是超越校园，实现了学习的泛在化与多元化。这些愿景的实现，首先需要地方政府承担起共建共享的引领责任。上城区在这方面做了非常好的尝试，形成了一系列共建共享、打造未来教育场景的机制，具有推广价值。

1.“导·训结合”的区域支撑范式

在上城区教育局的领导下，教育学院的教研、科研及培训的研究员们为各校学习中心的课程开发、空间建设、评价体系建立、运行机制设计等方面提供了指导与研训一体的“导 · 训结合”的多种助力服务，形成了区域支撑范式。第一,、华东师范大学高校智库深度参与学习中心建设探索，在完善建设方案、打造课程体系、培训教师队伍、分析教学案例等方面进行全方位指导；第二，针对实践过程中存在的问题，指导学习中心每月以研讨会、专题培训、案例研究等形式进行 1—2 次交流活动，开展跨学科联合教研，用科研的思路与方法思考、实践、反思、总结；第三，指导各学习中心从各自不同的建设主题及研究角度申报课题，在不断的展示、研讨中走向融合，共同研究，共同实践，总结、提炼学习中心建设中的典型经验，形成案例集，为学校深度推进面向未来学习的课程、课堂等方面的研究提供范例。此外，在区域的统一指导和要求下，各学习中心运行逐渐规范统一，形成了“三阶段闭环”的规范运行范式。该范式具体是指学习中心从工作时间、工作内容上打造了课程发布、课程实施、总结评价的运作闭环。每年 3 月和 9 月学习中心面向全区公布课程，每年的 4—5 月、9—10 月学习中心面向全区学生开展服务，每年 6 月、12 月则是学习中心总结复盘、调整课程的时间（见图 8-1-2）。

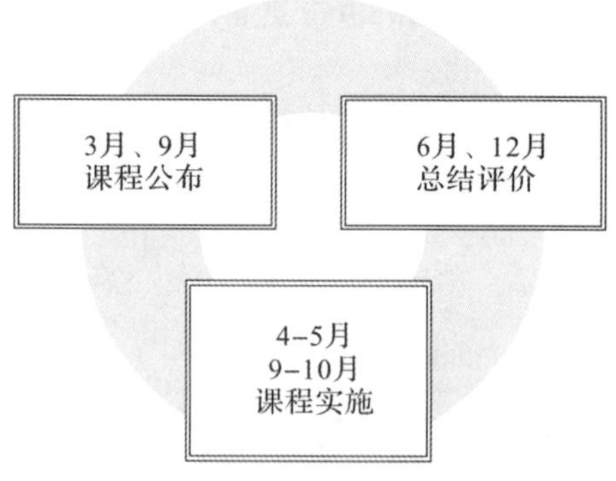

图 8-1-2　学习中心的运行范式

“导 · 训结合”的区域支撑范式，让各校学习中心感受到上城区的支持，同时也有机会接触前沿的研究，有机会寻求助力，确保学习中心的课程质量。

2.“研学教一体化”的质量推进模式

学习中心在建设过程中，形成了“研学教一体化”的质量推进模式。教师在开展基于学习中心的“三课”（课程、课堂、课题）研究的同时，组织学生开展跨学科学习、项目化学习，形成了相互促进的学习共同体。正如杭州市胜利实验学校教师王司闫所说：“作为参与学习中心建设的一名教师，在与不同学科教师跨学科展开协同合作的过程中，我深切地感受到要提升学生核心素养，学科之间必须要打破壁垒。大家出谋划策，自主开发课程、合作优化课程实践，运用多种教育方式手段将多学科的同一主题融合为整体，指导学生开展综合学习活动。在这个过程中，我们觉得不仅能力提升了，职业的幸福感和获得感也增强了。”

3.“学习中心 +X”的要素协同参与路径

学习中心的共建共享体现在支持教育发展的多要素的多元协作中。上城区在学习中心建设历程中，充分利用各方力量，形成了以“学习中心”为核心、“X 力量”协同参与的具有上城特色的要素协同参与路径。经过实践验证，学习中心的协同模式逐渐明确了四大参与路径：一是“学习中心 + 学校”的协同模式，此模式拓展了走校研学服务新渠道；二是“学习中心 + 博物馆”的协同模式，此模式开创了优质资源供给新路径；三是“学习中心 + 优质企业”的协同模式，此模式探索了资源众筹新模式；四是“学习中心 + 家庭”的协同模式，此模式开启了家校合力新样态。

学习中心建设至今，上城区在区教育局、学校、社区、企业、家庭等多方力量的共同努力下，共建成三大类百余个学习中心。以学习中心为载体，上城区实现了优质资源的全区共享共建，在教育共富的道路上迈出了坚实的一步。区教育学院定期组织研讨活动，围绕着学习中心建设的主题，从区域范围中挖掘、提炼若干学习中心典型经验进行集中展示。上城区探索学习中心建设、实现儿童本位、培养创新型人才的开创性举措，为杭州市乃至浙江省域内外教育提供了经验。《为孩子自由学习赋能——上城区基于新型学习中心建设的教研转型》项目被评为 2019 年浙江省教研亮点。2020 年 5 月，上城区教育学院集结沪苏杭三市、新疆阿克苏、贵州雷山等地千余名教师开展研讨交流活动。此后，上城区学习中心建设的经验开始向杭州市乃至浙江省以外更多地区辐射推广。截至目前，全国共有 60 余批次教师队伍来上城区取经，上城区学习中心的建设，启发了各地校长、教师对提升课后服务品质的思考和探索。为了让这些成果发挥更大的辐射作用，推广到更多的地区，上城区梳理了主要工作经验，撰写了成果并进行图书出版（专著《区域学习中心建设的上城探索》，2022 年由现代出版社正式出版）。同时选取学习中心的 10 项成果开发了一套《五育并举：区域学习中心的研究与实践》视听音像资源包供校长、教师学习选用。

从 2013 年区域大课程建设到 2018 年启动学习中心建设，再到 2022 年区域融合后学习中心的架构成熟与投入运行，上城区逐步清晰了儿童本位的学习中心的定位及价值追求，也逐渐明晰了以学习中心为载体打造区域未来学校场景的思路，由此也获得了学生的喜爱和家长的赞誉。

据不完全统计，自 2020 年以来，共计 41 个学习中心相关课题在省、市、区立项，结题的项目中有 14 项研究获得省、市级科研成果奖，以小学数学实验学习中心为代表的一批优质学习中心在教育教学变革领域收获了令人瞩目的成绩，相关成果被评为 2020 年杭州市教学成果一等奖以及杭州市综合课题成果评比一等奖、二等奖，十余家专业媒体刊发上城区学习中心建设经验 36 次。链接 8-1-1 展示的是上城区各学习中心获得的市级及以上成果荣誉的不完全统计。

链接 8-1-1
学习中心成果举例

未来已来，将至已至，上城区将以打造新型学习空间为载体，努力践行以人为本、以学生为中心的教育价值观，不断探索，努力为杭州市、浙江省乃至全国基础教育发展作出更大的贡献。

第二节
未来学校新场景

如何满足未来城市居民对教育多样化的需求，未来教育如何发展，未来学校将会是什么样的，区域教育教学改革如何进行等话题已经引发人们的讨论和思考。

上城区是杭州的中心城区，多年来始终把教育优先发展放在战略地位，办学条件和区域教育治理都处于较高水平，在全省教育现代化发展指数评估中位列第一。面对教育个性化、信息化变革的冲击，在泛在学习的概念的影响下，教和学的方式必然发生变革。未来必将建立起各学习要素高度互动的学习空间，充分释放学习者的潜能，提高学生学习的主动性和创造性，赋能学生完善自我、发展自我。

一、多方融合的学习中心共同体

未来学校不只是一所学校的代名词，它将成为多方融合的学习中心共同体，成为更丰富、更灵活、更有个性的学习场景。

在这一场景中，共同体的中心是学校，但其服务多样化已成为常态。学校保留了其照顾学生、举办活动的功能。同时，学校教育的综合性特点根植于社区街道的多样性文化中，也就是说，学校成为与社区、其他地方服务紧密联系的场所。在未来，社区将参与到学校评判标准的制定之中，相关的教育政策将得到更多来自社区街道的意见。另一方面，地方政府、国家、国际组织会开展很多支持社区的行动，在社会基础设施薄弱的社区内发挥关键作用。

1. “三境”微场域的蝶变构建

学习中心共同体的创建将有效整合区域内的资源，面向未来人类的发展需要。它的合理分布将会全面带动全区域各板块的教育质量提升。未来的城市会拥有匹配生态共育的学习中心共同体，取代传统学校，成为全域人民的学习场所。城市中的学习中心共同体将呈现出散点分布、点面结合的样态。各个区域板块内将实现学习中心共同体的交互融合，以街道为载体，在区域内划分出 N 个学习中心板块。每个板块内的每一所学校及其所在的社区为一个学习中心共同体，由“学校境域”“家庭境域”“社区境域”三个微场域组成，具有家校共融、校社互通的特性。

“学校境域”的跨维建立。“学校境域”在未来学习中心共同体规划中是一个逐步聚焦的概念，大到学习空间总体规划，小到内部各个学习场的设计。“学校境域”是未来学习中心共同体“三境”的主体。“学校境域”在设计时，充分注重学习者的第一人称感受和体验，协助学习者通过项目式学习参与活动和展示，加深学习成果在脑海中的印象，使记忆更加深刻。在为师生量身定做的多个空间中，学习者可以在其中自主学习，自己找寻答案。此时，学习者不只是教师教育的对象，他们已经成为自主学习者。通过课程与空间的结合，师生在特别设计的空间里完成特定的课程体验，让学习效果最大化，这也是未来学校与传统学校最主要的差别。

在未来学校，知识将渐渐去中心化，学生获取知识的途径更多是依靠多人共享以及个体的自主学习，获取知识的途径将变得越发自由、开放。与之相对应的，校园也将打造出越来越自由开放的空间，一点点打破学校中过时的多维壁垒。学校不再是以教学楼为中心，而是将中心分散，成为彼此关联又处处提前规划、充满弹性的“学校境域”。

“家庭境域”的重塑回归。2022 年 1 月 1 日，《中华人民共和国家庭教育促进法》开始实施，这是我国首次就家庭教育进行专门立法。从此，家庭教育“有法可依”。未来“家庭境域”会重新主导自己的教育“领地”，父母会把曾经“让渡”出去的教育权收回自己手中。在未来“家庭境域”中，父母不会迷信学校的绝对权威，而是主动参与、积极投入，进而升级自己的认知。不仅如此，父母还会主动承担起“学校境域”和“家庭境域”之间桥梁般的责任，参与学习中心共同体的发展规划，为学习中心共同体的发展献计献策。

“社区境域”的融合共生。“社区境域”在未来学习中心共同体中扮演着十分重要的角色。在未来，学习中心共同体将会有“井喷式”的发展，但在学习中心共同体体系建立之初相当长的一段时间内，会遭遇前所未有的“迷茫”与“混乱”，而该阶段中“社会境域”将发挥非常重要的作用。第一步是制订教育标准，既要体现个性化与定制化，也要有最低限度的要求。第二步，提供基本的公共服务、协调教育资源配置等。“社区境域”需要联合“学校境域”和“家庭境域”，共同促进学习中心共同体更好地发展。

2. 互融互通的小时“双圈”学习域

未来学习中心共同体的建设面向未来人的需要，将全面提升未来人的素养，因此每一个未来学习中心板块都有自身独有的优势核心素养，各板块之间的互融互通更能塑造核心素养全面发展的人。

中国学生发展核心素养以培养“全面发展的人”为核心，分为文化基础、自主发展、社会参与三个方面，综合表现为人文底蕴、科学精神、学会学习、健康生活、责任担当、实践创新六大素养，具体细化为国家认同等十八个基本要点。文化基础、自主发展、社会参与三个方面构成的核心素养总框架充分体现了马克思主义关于社会性是人的本质属性的观点，与我国治学、修身、济世的传统文化相呼应，有效整合了个人、社会和国家三个层面对学生发展的要求。六大素养既涵盖了学生适应终身发展和社会发展所需的品格与能力，又体现了核心素养“最关键、最必要”这一重要特征。

未来的学校教育强调的就是核心素养。如果把核心素养放回学习里面，学生需要学会什么能力呢？答案是在复杂情境下解决问题的能力，以及应对高速发展的信息社会的能力。

因此，未来学习中心共同体的建设就要考虑核心素养的培养。“一核多能”的核心素养模式，即要融合本社区境域和学校境域文化优势与核心素养。共同体内缺少的核心素养，都能在学习中心板块得到补足，也就是未来学习中心板块内的核心素养应该是全面的，且满足本板块内所有人的学习成长需要。当然优势也可以互补，通过板块间的流动便能达到这样的效果。

例如，上城区可以创建“小时圈”内的交互共学模式，各学习中心板块间也将呈现出互融互通的交互形式。以“双圈”交互为范式，根据距离远近，分为“半小时素养圈”和“一小时互动圈”。

在“半小时素养圈”内，每一个学习中心的人都可以找到互补资源，依据自身发展优缺点，选择不同学习中心共同体的课程。在A学习中心共同体内选择文化基础中的科学精神素养课程，前往B学习中心共同体选择实践创新的劳动意识素养课程。不同的共同体会提供不同的核心素养课程，突破时间和空间的限制，形成资源的互补，最大限度地满足个人发展的需求。

在“一小时互动圈”内，不仅仅是学校境域、家庭境域和社区境域资源的联动，还将联动医院、科技馆、博物馆、企事业单位等社会资源为未来学习中心共同体提供支持，定期举行互学互教的活动，学习中心共同体的学生会成为面向未来社会的一员，真正实现全域融通的未来美好教育。

二、数据驱动下的泛在教育

目前社会对数字化和人工智能颇有兴趣，投入巨大。随着机器学习的兴起，人们也越来越有兴趣学习高科技行业的知识。一些在学校之外学习和获得技能的例子在今天随处可见，如“编程训练营”。科技越来越多地融入人们的生活中，数字化个人助理、智能玩具和可穿戴设备都改变了人们在日常生活中学习和与技术互动的方式。

在未来世界中，所有的学习渠道都将变得规范，人们的教育通过利用集体智慧来解决现实问题，因而教育将随时随地发生。随着社会对机器的依赖性越来越大，正式学习与非正式学习之间的区别日渐缩小，基于学校的学习情境将淡化，学校教育的功能将渗透于无形之中。

1. 教育大数据下的泛在教育

数据驱动下的泛在教育建立在人工智能、虚拟现实、增强现实以及网络快速发展的基础上，“免费”的学习机会广泛可得，传统的课程结构逐渐衰落。数字化使得深度的实时评估和知识、技能、态度认证成为可能，教育大数据将为每一位学习者提供智能导向，“终身人工智能个人助理”也将应运而生，它会根据个人的好奇心和需求，提出个性化的学习方案，帮助识别个体存在的知识和技能差距，并在具有共同目标的社群中将学习者彼此连接。因此，大数据下的泛在教育将不再需要第三方（如教育机构、私人学习提供者）在认证中发挥中介作用。

随着正式学习和非正式学习之间的区别缩小，以前用于大规模学校教育的大量公共资源将被释放出来，以其他方式服务于教育或其他目的。教育、工作和休闲之间的界限变得模糊。传统的学校系统的基础设施可能会保留一部分，但它的功能也会更加开放和灵活，对学习者在学习地点选择及学习时间安排方面不再有强制性要求。

在这一场景中，数字化和“智能”基础设施有利于创造安全、学习资源丰富的公共和私人空间。配备了监控系统之后，一些数字连接、交互的基础设施，如“智能操场”可以在照顾孩子的同时向他们提出学习活动建议，并培养满足特定目标（如健康的生活方式）的行为。但这些发展需要在强有力的监管制度（如通过设计确保算法透明度和道德标准）的限制下实现，也可以通过公共部门资助或直接运营的平台（地方、国家或国际组织）的监管得到实现。

在这个随时随地都有丰富学习机会的社会，教师这一职业的定义也发生了改变，每个人都可以成为自主学习的“产消者”。与此同时，课堂、讲座和各种形式的辅导在线下和线上都很常见，有些是由人类完成的，有些是由机器实施的。可以想见，随着数字化的不断发展，无论是“知识生产者”，还是“知识消费者”，都可以通过网络获得提升，学校的线下学习和教育也许就会终结，线上未来学校也有可能成为现实。

2. 数据驱动下的核心素养

随着互联网的发展，以及越来越多智能教学软件的出现，任何人在任何地点、任何时间学习任何内容的“泛在教育”正逐渐兴起。网络就是校园，移动终端就是课堂，能者即为教师，教育正被重新定义。

未来以能者为师，只要你在某一方面有能力，你就可以成为教师，也就是“知识生产者”。当然，如果你需要吸收某一方面的知识，你可以通过智能网络、在线课堂、数字化个人助理等渠道获得知识，此时，你就是“知识消费者”。如此，每个人都能成为学习的“产消者”。

学习的“产消者”的能力强弱以何为依据呢？也许，目前的教育会给人以启示。核心素养的培养将会贯穿教育发展的始终，培养学生的核心素养，离不开信息化素养的养成。所以，核心素养的能力应用与评估，信息化素养的创新与实践，成果的多维升级都将成为衡量“产消者”的能力强弱的重要标志。作为新时代原住民的一代学生，他们的学习方式和学习习惯都发生了变化，可能更适应在真实的学习任务中进行数字化学习。这意味着，将真实的生活场景进行切片化后，需按照学术的标准教给学生。同时，学生也能通过网络渠道，自由发展，自由“产消”，不再受年龄的限制。

融合信息技术，能激发“产消者”的潜能。在信息技术无处不在的未来，技术与教育教学的深度融合是培养核心素养的有效手段，从而实现教与学、教与教、学与学的全面互动。网络学习空间将提供一种指向核心素养、促进自主发展的教与学的方式。

在信息技术背景下，泛在教育可以通过新技术支持，利用各种各样的自动传感器，记录学生在成长过程中各方面的表现。新技术所带来的变化，使教育的新模式和新理念有了实现的可能性。

三、虚拟学校

新技术一般会率先在文化教育领域得到应用，教育教学领域 10 多年前就提出了 3D 互联网技术的概念，并且一直处于实验室阶段。如今，3D 互联网技术蓬勃发展，应用更加广泛，3D 虚拟学校也应运而生。3D 虚拟学校最大的优势在于它的互动性和三维立体带来的直观性，在教育教学领域，它可以帮助学生理解所学的专业技术理论，并让学生通过 VR 技术进行一些现实中很难开展的实验。此外，3D 虚拟学校可以打造一个数字校园，让院校“不做宣传即展现于全球”，为各院校提供了一个打破地域限制，展现学校规模、设施、师资的全球性信息服务窗口。

虚拟学校存在巨大的商业价值，它不仅让校友、游客等用户方便地观赏校园建筑和景色，提升学校知名度和美誉度，还能够以虚拟校园为基础提供教育教学、教研会议等基础教育服务。同时，虚拟学校还可以利用互联网特性提供电子商务、广告、增值服务等更多商业服务，增强学校自身的造血功能。

1. 虚拟学校的教学模式

教学模式各不相同，从远程学习类型（可提供独立的自定进度学习材料）到实时互动课程（学生可以在课堂小组课程中与教师进行交流），虚拟学校的班级规模从几名学生到数百名不等。独立的自定进度课程称为异步课程。通常，异步课程将为学生提供信息和布置作业，并要求他们在截止日期之前完成作业，上课也将不再需要时间表。而同步在线课程是实时发生的，教师和学生同时在线互动，这可以通过文本、视频或音频互动来实现。除了预定的上课时间外，通常还有其他作业需要完成。虚拟学校的混合课程是教育者和学习者将在线学习与线下现场学习相融合的一种模式。在网络环境下，教育者借助计算机、平板电脑、智能手机等工具，指导学生根据学习目标与驱动任务，开展个性化、自适应学习，让学生自主确定学习进程，自主选择课程内容，自主诊断学习效果。

2. 虚拟学校的教学优势

虚拟学校课程的可靠性更高。天气、交通条件的干扰几乎没有影响（不过频繁停电的地区的教学将因此而遭受干扰）。同样，由疾病或意外伤害造成的轻微的身体损伤，也不会造成学习中断。课程赋分可以根据学生实际的身心情况产生变化，因个人健康状况而使体育学习变得困难的学生，可以改用虚拟教育计划来完成学习，并取得对应的成绩。

虚拟学校是对时间安排有灵活度的个人和家庭的理想选择。互联网资源的集成提供了一个庞大的内容库，学生很快就可以熟练地进行在线学习。善于自学或有天赋的学生有更大的灵活性来探索超出标准课程的学习内容；具有独立技能的学生、具有专业技能的学生，可以使用网络资源以自己喜欢的节奏进行学习。虚拟学校可以成为平衡者，不受学生年龄、外貌和背景影响，按个人能力对其进行分类。通过接触世界上不同文化背景的人，学生将从中受益，丰富自己对历史、地理、宗教和政治的理解，并发展社交技能。

有工作或家庭的兼职学生可以受益于在线时间表的灵活性。接受异步教育，学生可以在有空的时候学习或做功课，这为学生提供了灵活的教育方式。无论学生和教师之间的物理距离如何，在线学习在向大量人群提供教育方面都比传统教育更为有效，在线教育比课堂学习更好地实现了更为全面的教育，使学生能跨时间、跨地点进行协作以解决复杂的现实问题。

3. 虚拟学校的应用表现

计算机图形与仿真技术的不断发展为人类带来了众多的沉浸式技术，人类的活动空间从自然平台发展到数字化平台，面临着感觉方式和实践方式的转型。这也深刻影响到社会生产方式的变革，涉及了人们生活方式、行为方式、感知方式和思维方式的转变。与当下的 VR、AR、MR 相比，XR（扩展现实）更强调虚拟世界与现实世界的结合，以及缩小人们与信息、体验之间的距离壁垒。XR 技术具有情境感知、感觉代入、自然交互和编辑现实等特征，其在教育领域的应用具有人本性、智能性、交互性、生态性和生成性等教育应用特性。

XR 技术将在未来的虚拟学校中得到充分的应用表现，如在智能教育产品设计、游戏化学习实施、智慧与智能学习环境创设、创客教育方面得到充分的使用与升级。未来 XR 智慧教育产品的实体与功能或将分离，实体更多充当“唤醒通道”，将学习者或教师与虚拟空间连接。例如，当教育产品与 4D 打印技术、XR 技术结合，利用新技术创造的沉浸式创作空间，教育产品实体会作为一种表达媒介，展现用户思维在真实时空中的表达。

XR 技术创新的交互方式，能够使学习者“具身化”地与游戏内容进行交互，同时，其情境感知的特征也能实时分析学习个体的注意力、生理特征，从而量化分析其体验状态，灵活调整难易程度等游戏指标，促使学习者注意力集中的持续性，提高学习效率。

XR 技术支持的智慧与智能学习环境，在场地空间上要求具有实时变化的定向光照环境、声场环境，以配合实时融合虚拟数字信息；需要配备公共休息座位，专用的课桌椅随着显示、感知设备的可穿戴化而不再需要；教室不仅需要与学习者、教师互联，也应当与互联网、物联网形成的传感器网络互联，以保持数字资源的开放性等；教与学的过程应当体现一定的社会性，满足学习环境与外部世界的互通性，在教学内容的设计上，也应当体现知识与社会的关联性，培养学习者的社会责任感等。

当下教育的重心由传授单纯技术，转向培养学生更强的问题解决能力和创造力，这是教育本真的回归。发挥人的潜能，扩展人的灵性，促进人的精神成长，成为了教育的最大任务和特殊使命。XR 技术的出现及在教育领域的广泛应用，打造了丰富而有吸引力的学习体验，为学习者提供了新的数据分析及展示提取方式。同时，还大大扩展了学习者的信息获取渠道，使学习者从不同角度和渠道感知可感知的世界（虚拟和现实无缝融合的泛现实世界），为学习者提供个性化的现实和学习支持，服务于学习者的个性化学习需求，减轻了学习者的学习认知负荷。XR 技术具有的智慧感知、自然交互属性，将更好地体现“身心一体、知行合一”的教育思想，更好地服务和支持未来教育，满足面向未来的创新人才培养的需要。

“未来教育”在未来能够让人们随时随地学习，每个人都可以找到自己的方向，每个人都可以根据需要定制学习，每个人都可以在不同的地方找到最合适自己的教育资源。所有的学习都能被原生态地记录下，包括每个人从幼年到老年的学习过程，密码由学习者自己掌握，你要想提供给谁，就把相关的资料和密钥提供给谁。因此，在未来的教育中，课程将比文凭更重要。学习的地点也将不受约束，未来将是能者为师、随处可学的时代。

参考文献

[1] 郑一峰，李敏. 区域学习中心建设的上城探索[M]. 北京：现代出版社，2022.

[2] 习近平：决胜全面建成小康社会 夺取新时代中国特色社会主义伟大胜利——在中国共产党第十九次全国代表大会上的报告[EB/OL]. (2017-10-27)[2023-1-1]. http://www.gov.cn/zhuanti/2017-10/27/content_5234876.htm.

后　记

⊙

在这美好的季节里，《学习中心：面向未来学校场景重构的新视角》书稿在大家的支持和帮助下，终于付梓了。总结、写作的过程，既是一次回顾，又是一次重新学习和反思，这里包含着编者对未来教育的热忱和期待，更凝聚了大家对未来教育的思考。

未来，唯一不变的就是变化。作为一个转型社会，中国的教育也在不断变化，不断挑战传统教育概念和传统学习空间。当学习空间的设计符合学校的目标、活动、核心价值及社会需求时，它将变为学生的“第三位老师”，潜移默化地影响学生的学业、能力、社会情感和身心发展。学校的学习空间是时代的一面镜子，反映了当前社会的政治、经济和科技，最重要的是反映了教育态度。

作为全国义务教育发展基本均衡区、全国数字化学习先行区、浙江省首批素质教育实验区，上城区一直致力于深化课程改革，推进学教方式的变革，为促进学生的个性化成长提供了强有力的支持。学习空间的变革作为推进学教方式变革的有效载体，一直都是区域探索实践的重点项目。从“教室革命”到

“空间变革”再到“学习中心”，上城教育的探索从未停歇。特别是跨入“学习中心”时代，上城教育基于“为学生自由成长赋能”的理念，建构学习中心的整体布局，推进机制建设。各校以学习中心为载体，以空间建设为基础，同步推进活动内容和资源共享等方面的建设，开展提升课后服务品质的成规模实践研究。同时，上城区积极探索大规模线上线下的混合式学习，建立与学校、家长、企业、场馆等力量的协同机制，走出一条具有上城特色的学习空间变革之路。发展至今，上城区的校园中随处可见满足学生多元化学习需求的空间，校园也成了有助于实现学生个性化学习的场所。

本书全面介绍了上城教育在打造学为中心、面向未来的物理空间，构建满足个性、富有特色的文化空间方面的实践，以学习中心建设为载体，以场域打造为重点，通过提供个性化、多样化的教育特色服务，强化共建共享机制建设，树立了新时代城市未来学校价值标杆。本书由项海刚局长主编，教育局全体领导班子参与其中，大家一起探索与思考，一起不断深入研究。各章的作者分别为：第一章，宋德婷、张岚；第二章，陈文松、郑一峰；第三章，鲍海淞、苗森；第四章，黄凤英、俞富根；第五章，徐越、吴树超；第六章，单瑛凡、沈建华；第七章，徐越、闻蓉美；第八章，陈丽、吴树超。这一成果在形成过程中得到了许多领导和专家的指导支持，杭州市教育科学研究所原所长施光明先生等为本书的实践研究提供了大量的指导，上海市教育科学研究院原副院长、华东师范大学数学科学学院荣誉教授顾玲沅教授全程参与实践，全程跟踪本书的撰写与指导，并为本书作序。浙江师范大学教师教育学院夏洪文教授、杭州师范大学教育科学学院周俊副教授细致指导文稿撰写。在此，谨一并表示感谢。

本书内容源于对实践的提炼和总结，由于编者才学有限，难免有不当和错漏之处，敬请各位同行不吝指正。

编者

2022 年 6 月 19 日